Super Brain

最强大脑

开发左右脑潜能的500个思维游戏

杜心滢 编著

内 容 提 要

本书设计的500个你意想不到的游戏，将让你的智慧悠游于每个可能的方向，只要你愿意进行一次思考之旅，这些游戏一定会为你带来“我知道了！”的惊喜时刻，让你发现聪明的秘密—在游戏中激荡想象力与创造力，全面提升严谨的推理能力和快速的判断能力。

图书在版编目（CIP）数据

最强大脑：开发左右脑潜能的500个思维游戏／杜心滢 编著. -- 北京：中国水利水电出版社, 2016. 6（2017.6 重印）

ISBN 978-7-5170-4333-1

Ⅰ. ①最… Ⅱ. ①杜… Ⅲ. ①智力游戏 Ⅳ. ①G898. 2

中国版本图书馆CIP数据核字(2016)第106472号

策划编辑：杨庆川　责任编辑：邓建梅　封面设计：张佩战

书　　名	最强大脑：开发左右脑潜能的500个思维游戏
作　　者	杜心滢　编著
出版发行	中国水利水电出版社 （北京市海淀区玉渊潭南路1号D座　100038） 网址：www.waterpub.com.cn E-mail：mchannel@263.net（万水） sales@waterpub.com.cn 电话：(010) 68367658（发行部）、82562819（万水）
经　　售	北京科水图书销售中心（零售） 电话：(010) 88383994、63202643、68545874 全国各地新华书店和相关出版物销售网点
排　　版	周小莫
印　　刷	北京旭丰源印刷技术有限公司
规　　格	170mm×240mm　16 开本　16 印张　255 千字
版　　次	2016 年 6 月第 1 版　2017 年 6 月第 3 次印刷
印　　数	8001—13000 册
定　　价	39.80 元

凡购买我社图书，如有缺页、倒页、脱页的，本社发行部负责调换

版权所有 · 侵权必究

前言

PREFACE

激活左右脑，享受思维的乐趣

人的大脑是思维的发源地，大脑的潜力几乎是无穷无尽的。现代生物学研究表明，大脑皮层由140多亿个神经细胞组成，每个神经细胞上有3万多个突起。脑内突起总数超过100万亿。神经细胞通过众多的突起建立联系，就像互相联网的电脑。大脑的总存储量高达1000万亿个信息单元，相当于50个藏书1000万册的美国国会图书馆。

然而，人们对大脑的利用却极其有限。国内外专家学者一致认为，人类目前所用的脑力还不足10%，有的认为只利用了1%，未被利用的高达90%或更多。就连伟大的物理学家爱因斯坦自称也只开发了大脑潜能的20%~30%。生物进化的规律是用进废退，多用脑，脑子会越用越灵活，越有创造性。

世界500强在招聘员工的时候，经常会出一些貌似稀奇古怪却又妙趣横生的思维谜题、数字空格、几何游戏等，让应聘者解答。在中国的公务员考试中，同样也有很多逻辑和创意谜题。作为世界顶尖学府，剑桥、牛津等大学曾以许多生僻怪异的考题，让众多学子领教思维的重要性。剑桥大学经济系曾出了这样一道题："流浪歌手那么能唱还流浪街头，他们是不是疯子？"牛津大学法律系曾这样问考生："如果有人撞上灯柱，会对社会产生什么影响？"这些看起来是一些毫无意义的问题，但其实是从一个新的角度来考查考生的应变能力和创新能力。

每个人都有很大的潜能有待开发。这些能力并非天生，很大程度上依赖于后天的训练，通过学习、实践，经过教育、训练，每个人的潜能都会由小变大，逐步提高。只要不断地训练与积累，就会有令人惊奇的效果。

在游戏中活动大脑，是锻炼思维能力、激发大脑潜能的有效方法之一。在玩游戏的过程里，读者可以充分运用智商的各项能力，从各个方面去审视问题、将所有线索纳入考虑。这种激荡联想、触发创意的思考模式，将彻底让你的头脑动起来，

在学习、生活和工作中进行多角度的观察、作出更正确的判断。

本书依据美国心理学家、诺贝尔医学生理奖得主斯佩里博士的“左右脑分工理论”编著。大脑分为左脑和右脑，左脑具有逻辑、推理、语言、数学、分析等功能，右脑具有创意、想象、图形、空间、综合等功能。只有左右脑均衡开发、协调并用，才能真正激活大脑潜能，塑造出自己的最强大脑。

本书精心设计了500个你意想不到的游戏，将让你的智慧悠游于每个可能的方向，只要你愿意进行一次思维之旅，这些游戏一定会为你带来“我知道了！”的惊喜时刻，让你发现聪明的秘密——在游戏中激发想象力与创造力，全面提升严谨的推理能力和快速的判断能力。全面深度挖掘左脑和右脑沉睡的潜能，让你变得出类拔萃。

这是一本挑战大脑，锻炼跳跃性思维的趣味游戏书，它不仅仅是为了乐趣而设计的，更是想要带领读者在充满乐趣的挑战过程中，迈向全脑思考的天才之路。

这是一场丰富的头脑思维盛宴，不仅是一个爽心益智的思维娱乐活动，也是一个启迪智商、开发思维创新能力的活动。它的最大价值在于通过这些生动有趣的游戏，全面训练你的想象力、应变力、独创力，发掘你的创新感觉，培养创新意识，锻炼创新能力。书中的游戏貌似简单无奇但却极富扩张力，每一个游戏的答案都需要大胆的设想，大胆的判断与推测才可得，需要发挥你的想象力与创新力。

本书突出实用性、趣味性和知识性，采用全图解、图文并茂的编排方式，避免了一般地说教方式，用一个个生动有趣的游戏来向你一步步展示思维的奥妙。相信经过这些游戏的训练，无论你是学生还是家长，是公司职员还是企业管理者……都会受益匪浅！

来吧，来一场了不起的脑力挑战。这将带给你头脑震撼性的冲击，彻底释放你的大脑潜能，唤醒你的思维能力，让你的大脑真正动起来，全面激活左右脑，享受思维的乐趣。

编者

目录
CONTENTS

第一章
激发创意的思维游戏

第二章
增强应变力的思维游戏

第三章 挑战发散思考的思维游戏

第四章
激荡想象力的思维游戏

第五章 提升观察力的游戏

第六章 开拓分析判断力的思维游戏

第七章 提高数学能力的思维游戏

第一章

激发创意的思维游戏

1

燃香计时

有两根粗细不一样的香，香烧完的时间都是一个小时。用什么方法能确定一段长45分钟的时间？

2

巧倒粮食

先往一个袋子里装绿豆，用绳子扎紧袋子中部后，再装进小麦。在没有任何容器，也不能将粮食倒在地上或其他地方的情况下，你能先把绿豆倒入另一个空袋子中吗？

3

鉴别次品

一家玩具公司生产的一盒玩具球中有4个小球，每个小球都是按照标准的重量制造的。在质检过程中，工作人员发现其中一个小球是次品。现在知道那个次品的重量要比其他合格品的重量重一些，如果让你用天平只称量一次，你知道如何判断哪个小球是次品吗？

4

倒水的智慧

有一个盛有900毫升水的水壶和两个空杯子，一个能盛500毫升，另一个能盛300毫升。请问：应该怎样倒水，能使得每个杯子都恰好有100毫升水？

注：不允许使用别的容器，也不允许在杯子上作记号。

5

开关和灯泡

有甲、乙两间屋，甲屋有3个开关，乙屋有3个灯泡。在甲屋看不到乙屋，而甲屋的每一个开关控制乙屋的其中一个灯泡。怎样可以只停留在甲屋、乙屋各一次，就知道哪个开关是控制哪个灯泡的呢？

6

排队

如果要10个人站成5排，每排分别有4个人，应该怎么站？

7

王子的智慧

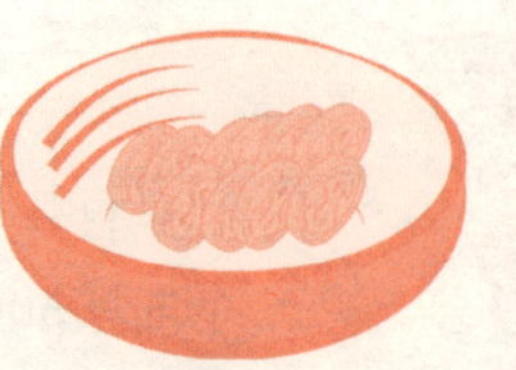

一位王子向智慧公主求婚。智慧公主为了考验王子的智慧，就让仆人端来两个盆，其中一个装着10枚金币，另一个装着10枚同样大小的银币。仆人把王子的眼睛蒙上，并把两个盆的位置随意调换，请王子随意选一个盆，从里面挑选出1枚硬币。如果选中的是金币，公主就嫁给他；如果选中的是银币，那么王子就再也没有机会了。王子听了，说："能不能在蒙上眼睛之前，任意调换盆里的硬币组合呢？"公主同意了。

请问：王子该怎么调换硬币才能确保更有把握娶到公主呢？

8

单数变偶数

9的罗马写法是IX。请问：如何加上一笔使它变成偶数？

9

火柴拼11

用3根火柴拼出两种"11"的写法。

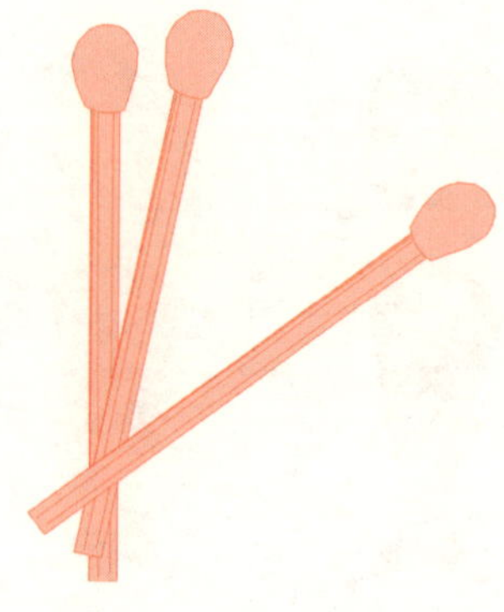

10

谁离得近

有一个人从A地骑自行车到B地去，而另一个人开车从B地驶往A地。在路上，他们相遇了。你知道这个时候谁离A地更近吗？

11

糊涂账

有一个吝啬鬼去饭店吃面条，他花1元钱点了一份清汤面。面上来了，他又要求换一碗2元钱的西红柿鸡蛋面。服务员对他说：“你还没有付钱呢！”吝啬鬼说：“我刚才不是付过了吗？”服务员说：“刚才你付的是1元钱，而你吃的这碗面是2元钱的，还差1元呢！”吝啬鬼说：“不错，我刚才付了1元钱，现在又把值1元钱的面还给了你，不是刚好吗？”服务员说：“那碗面本来就是店里的呀！”他说：“对呀！我不是还给你了吗？”

这么简单的账怎么就弄糊涂了呢？吝啬鬼真的不需要付钱了吗？

12

摆椅子

一位刚毕业的学生到一家大型的餐厅应聘主管。主考官出了这样一道题目来考他：请在正方形的餐桌周围摆上10把椅子，使桌子每一面的椅子数都相等。应聘者想了很久都没有想出来，你能帮帮他吗？

13

冰糖葫芦

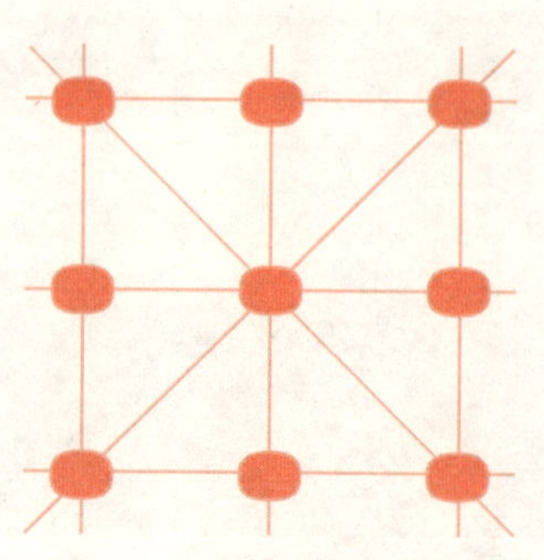

如图所示，一共有9颗冰糖葫芦，把3颗冰糖葫芦串成一串，可以串成8串。现在只需要移动2颗冰糖葫芦，就可以串成10串，但还是3颗冰糖葫芦串在一起。一共有几种串法？

14

糊涂的日期

糊涂岛上有两个糊涂的孩子，因为没有日历，日子总是过得糊里糊涂的，常常弄不清楚时间。在上学的路上，他们想把这个问题弄清楚。

其中一个孩子说："当后天变成昨天的时候，那么'今天'距离星期天的日子，将和当前变成明天时的那个'今天'距离星期天的日子相同。"

根据这个糊涂孩子说的糊涂话，你能猜出今天是星期几吗？

15

慢骑比赛

一场骑马比赛正在进行，哪匹马走得最慢就是胜利者。于是，两匹马慢得几乎停止不前，这样进行下去，比赛什么时候才能结束呢？在保证能选出最慢者（优胜者）的前提下，你能想办法让比赛尽快结束吗？

16

鸡蛋的方向

清晨，一只母鸡先向着太阳飞奔了一会儿，然后掉头回到草堆旁，转了一圈后，又向右边跑了一会儿，然后向左边的同伴跑去，它与同伴在草堆里转了半圈后，忽然下了一个蛋。请问：蛋是朝什么方向落下的?

17

洞中的小鸟

田田在捕鸟时，发现一只小鸟飞进一个小洞里躲了起来。小洞很狭窄，手伸不进去，如果用树枝戳的话，又会伤害到小鸟。你能想一个简便的办法，把小鸟从洞里捉出来吗?

18

挑筐过桥

妞妞跟着挑着箩筐的爸爸过独木桥，走到桥中间的时候，迎面走来一个小男孩牛牛。妞妞和牛牛谁也不肯让谁，妞妞的爸爸怎么劝说也不行，于是他急中生智，想出了一个办法，使他们都过去了。你知道妞妞的爸爸怎么做吗?

19 硬币入瓶

找一个小号的广口瓶，将一根火柴棒折成“V”字形（不要完全折断，要使一部分纤维还连着），放在瓶口上，再取一枚比瓶口小一点的硬币放在“V”字形的火柴棒上。在不用手或者其他工具接触“V”字形火柴棒和硬币的情况下，你能想办法使硬币落到瓶子里去吗？

20 天气预报

天气预报说今天半夜12点钟会下雨，那么再过72小时后会出太阳吗？

21 独木桥的走法

一条河上有一座独木桥，只能容一个人通过。有两人来到桥头，一个从南来，一个向北去，想要同时过桥，该怎么过去？

22

选店理发

一位科学家来到一个小镇，他发现镇上只有两位理发师，每人各有自己的理发店。科学家需要理发，于是他先察看了一家理发店，一眼就看出它非常脏，理发师本人衣着不整，而且头发凌乱，这说明这个理发师的头发被理得很糟糕。再看另一家理发店，店面崭新，理发师的胡子刚刮过，而且头发修剪得非常得体。科学家稍作思考，便返回了第一家理发店。你猜这是为什么呢?

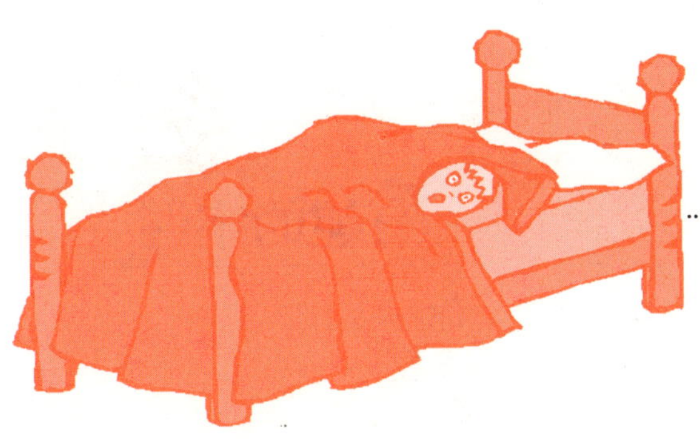

23

病假

有一天，凯凯不想去上学，就让同学帮他带了一张请假条给班主任。为了表明自己真的病得很严重，凯凯用圆珠笔写了满满一张纸描述病情，并强调说自己是躺在病床上仰面写的。但班主任看了之后，就知道凯凯是想逃课。你知道，班主任是怎么看出来的吗?

24

几堆水果

有4元一公斤的香蕉一堆，2元一公斤的苹果一堆，4元一公斤的桔子一堆，合在一起，你猜共有几堆?

25

轿车的速度

有一辆轿车，在全程的最初30秒内以时速150公里行驶。为了让全程的平均时速保持在60公里，接下来的30秒行驶时，时速应该是多少呢？

26

有趣的字谜

下面是一个非常有趣的字谜，你能猜出答案来吗？

去上面是字，去下面是字。
去中间是字，去上下是字。

27

不落地的苹果

把一个苹果系在一根3米左右长的线的一端，另一端系在高处，把苹果悬挂起来，你能够从中间剪断这根线，并保证苹果不会落地吗？

28

货车过桥

一辆货车满载着6吨的钢索前进，但在行进中遇到了一座桥梁。桥头的标志牌上写着：最大载重量7吨。然而，光货车车身就重2吨，再加上钢索，明显超过了桥的载重量。你能想办法帮司机通过这座桥吗?

29

火柴拼图形

聪明的小猴拿着10根火柴棒在院子里摆弄不停。小兔子问他在干什么，小猴说他要完成妈妈交给他的任务：用10根火柴拼成一个含有8个三角形、2个正方形、2个梯形和3个长方形的图形。可小猴怎么拼也达不到妈妈的要求，小兔子一把接过他手中的火柴棒，两三下就拼成了。你知道小兔子拼成的图是什么样的吗?

30

大力士的困惑

力量村里出生的孩子都力大无比。其中有一个大力士可以轻易地举起400斤的东西，但有一天，他竟然连一件200斤重的东西都举不起来，请问这是为什么？当然，他没有生病也没有受伤。

31

奇怪的数字

请问：什么数字减去一半等于零？

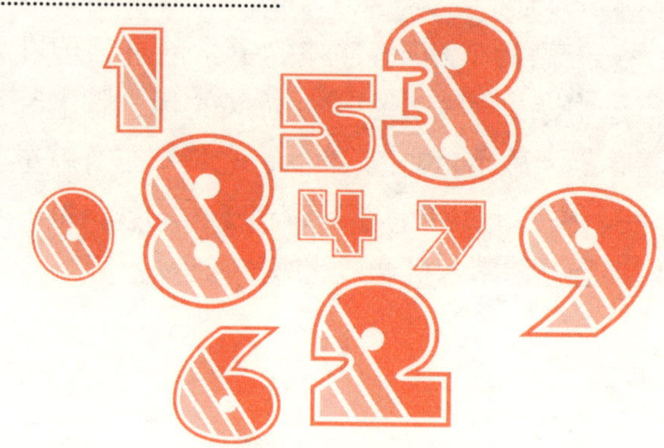

32

人口比例

古时候，有一个国家的国王为了让更多的男人能有更多的妻子，就颁布了这样一条法律：一位母亲生了第一个男孩后，她就立即被禁止再生小孩。这样的话，有些家庭就会有几个女孩而只有一个男孩，就不会有一个以上的男孩。所以，用不了多久女性人口就会大大超过男性人口了。你认为这条法律可以实现他的“愿望”吗？

33

世纪的问题

请问：2000年6月1日是多少世纪？

34

CD的纹路

一张CD唱片转速是 100转/分钟，这张CD唱片能运转45分钟。请问：这张CD唱片总共有多少条纹路？

35

反身开枪

有一个士兵，刚学会开枪。现在他用眼罩把眼睛蒙上，手中握一支枪；连长把他的帽子挂起来后，让这个士兵向前走了40米，然后反身开枪，要求子弹必须击中那顶帽子。你知道那个士兵怎样做才能一定击中那顶帽子吗？

36

冷水的时间

在同样的条件下，把两杯不同温度的牛奶放到同一个冰箱里，温度高的一杯与温度低的一杯哪个冷得快？

37

回到原点

机器猫说："在一个星球上，当你扔出一块石头后，它只在空中飞了一小段距离后就停顿在半空中，再向你的方向飞回来，当然它决不是碰到了什么东西被弹回来的。"

你知道机器猫说的是哪个星球吗？

38

南辕北辙

一辆汽车在一条笔直的马路上行驶，车头朝南。你如何开车才能使汽车在不转弯的前提下，停车后，汽车在离原来所在地北面3公里的地方？

39

牧师的趣题

一位牧师的教区极为宽广，住户分散而居，相隔甚远。牧师制作了一幅所在教区的平面图：一条小河穿过教区，向南蜿蜒几百英里后汇入大海，在河流的分支处有一座小岛。牧师住在岛上，右上方是教堂所处的位置。在教区内，不多不少正好有八座桥。牧师习惯在去教堂的路上拜访教民，这样就要依次通过这8座桥，但从不重复。有一条路线可以让牧师完成这段奇特的行程。你能找到吗？

40

城堡的窗户

一个城堡的窗户是正方形的，在内侧测量，每条边长一英尺，窗户被一些细条分成了四格，每格边长都是半英尺。如果要重新再开一扇窗户，边长也均为一英尺，但要求用细条将这扇窗分成八格，每格边长也全部相等。你能做到吗？

41

木头塑像

一个木匠用一块木头雕刻了一个塑像，这块木头三尺长，一尺宽，一尺高。当把塑像交给客户的时候，客户却要求按照削掉的木头的立方尺数付钱。

于是木匠称了一下木头的重量，发现它重30千克，塑像的重量是20千克。也就是说，木匠削掉了三分之一的木头，但是客户却说这样付款的话可能会不公正，因为木头的中间部分可能比外层部分更重或者更轻。要测量被削掉的木头的体积，应该如何做呢？

42

周游英国

地图显示，英国共有24座城镇，由铁路系统相互连接在一起。住在地图顶端A城的一个人想周游所有的24座城镇，但是每个城镇只想经过一次，最后在Z点结束其旅程。如果他除了坐火车之外，还可以坐汽车的话，这倒是很容易了，但是他却不这样做。那么他该怎么走呢？拿出铅笔，从A点开始，从一座城镇到另一座城镇，在你到过的城镇上做上标记，看看你是否能够最后在Z点结束。

43

字母谜题

我想这题你一定会的：这里哪一个字母与众不同？

A
E
I
O
U

44

天平

这真是一个炎热的夏天，气温高达39℃，西瓜肯定能卖一个好价钱。一个瓜贩子为了好卖瓜，他在天平的一端放了个西瓜，一边放了一块大冰块，天平刚好平衡。在天平的旁边，他还特放了一个大冰柜，开始叫卖“冰冻西瓜”。别忙着想吃西瓜，考你一个问题：天平一直这样放着，最后会倾向哪边？

45

巧装棋子

有100枚棋子，要求分别装入12个盒子中，并且使每个盒子里的棋子数字中必须有一个“3”。如何装？

46

路径谜题

在这个遥控器上，“播放”键表示前进一格，“快转/倒回”键表示前进/后退两格，那么从OFF走到ON有几种走法呢？要有系统地解决这个问题，你可以从最靠近OFF的按键开始，计算有多少种前进路径，然后依序往下计算并加总。

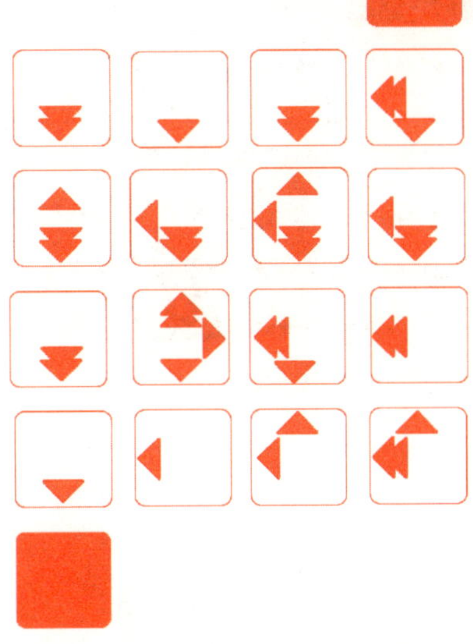

47

马圈趣题

牧马人有21匹马，他想把它们圈在一个正方形的马圈中，并在马圈内用栅栏隔成4个小马圈，使每个马圈里的马匹数量为奇数。你能帮牧马人造出来吗？

48

1～8的魔方

你能将 1 至 8 个自然数填入图中的八角格中，使相邻两数之间没有直线连接吗？

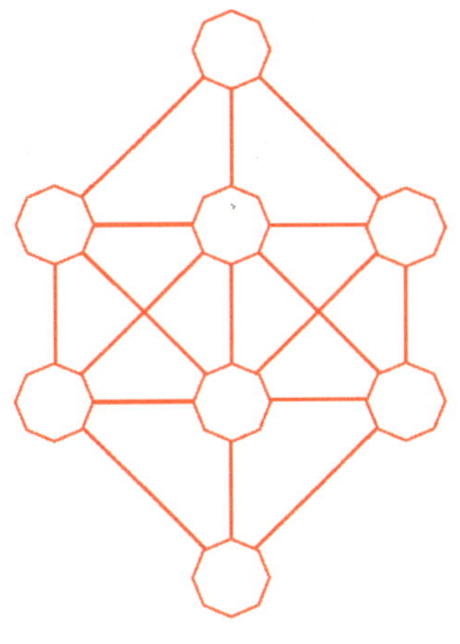

49

聪明的少校

训练营里正在分组训练24名士兵，其中第1行11人，第2行7人，第3行6人。请你将士兵排成8人一行，要求只调动3次，并且每次调入某行的士兵人数必须和这一行原有人数相等。你能做到吗？

50

水果密码

经过破译敌人密码，已经知道了“香蕉苹果大鸭梨”的意思是“星期三秘密进攻”，“苹果甘蔗水蜜桃”的意思是“执行秘密计划”，“广柑香蕉西红柿”的意思是“星期三的胜利属于我们”。那么，“大鸭梨”的意思是什么？

51

丑小鸭变天鹅

图中是用12根火柴摆成的一只丑小鸭，你能加上4根，再移动图中的3根，让它变成一只在水上悠闲游动的白天鹅吗？

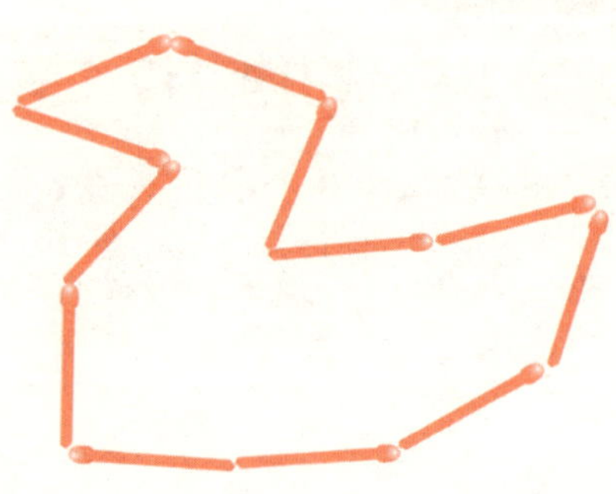

52

翻转符号

请问最少需要上下翻转几列，才能使每一行所包含的符号种类和数量完全相同？

53

6个3

用6个“3”和6个“.”，你能组成几个数，使它们的和能无限接近10？

54

改错题

这是一道错误的算式，只要移动其中的1根火柴，就会改正这个错误。请问该移动哪一根呢？

55

智力大比拼

用24根火柴码正方形，可以分别码成6个、9个、16个，最多的甚至可以码成50个大小相等的正方形。

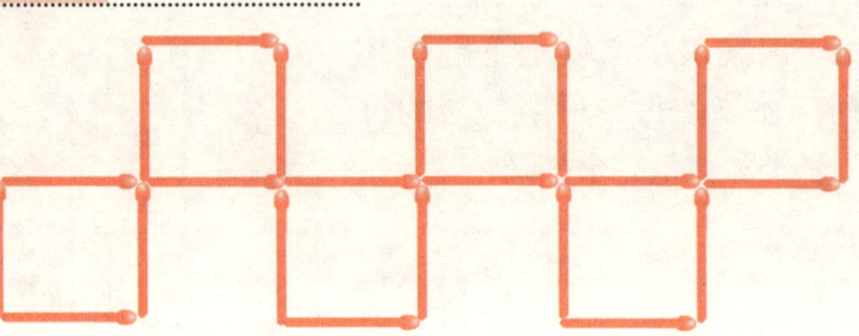

			G	N
	N	L		
N				E
		N	L	
G	A			

56

谁说你不是天使

这是一个简单的填字游戏，只要把angel（天使）这5个字母填入这5×5的迷宫中，使每行、每列都要包含angel这5个字母，只要你高兴，你就是天使。

57

逃狱路线

救命啊，我被关在这座监牢里，我要出去！我没有逃生工具，只有两块铁片可以用来打出下面八种钥匙里面的两种。我应该做哪两个数字的钥匙，才能到其他房间拿钥匙，顺利逃出去呢？

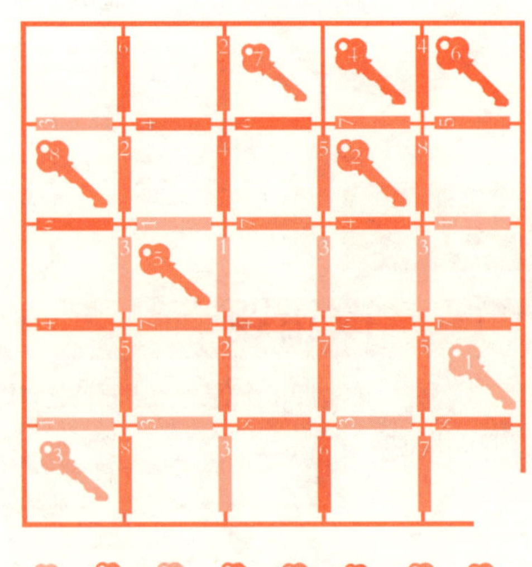

58

移棋子

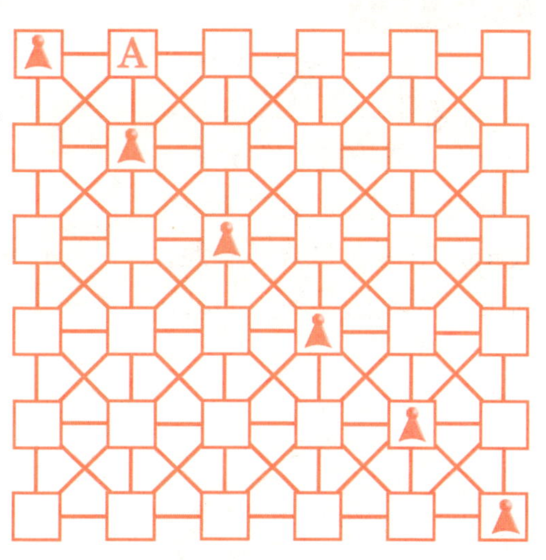

在右面的图中有六枚跳棋的棋子，从左上放开始数他们的序号依次是1、2、3、4、5、6。它们可以往上下、左右或斜线方向移动。每一枚棋子移动一格算一步。你可以自由地移动它们，但最后的排列结果要符合下面的两个条件：

不论上下、左右、或斜线上任一方向，都不能有两枚以上的棋子在同一排。

A的位置上一定要有一枚棋子。

那么，要想满足以上的条件，最少的移动次数是几次呢？

59

出现过多少次5

从1点到2点之间，电子表显示的时间数字中出现过多少次5？

60

消失的字母

哪一个字母不见了？

61

最大和最小

用火柴排成下列算式，其值为17。现在只许移动1根火柴，使这道题结果最大；若要使运算结果最小，又该移哪一根呢？

62

大挂钟

皮皮家的大挂钟报时的时候，相邻两次的钟声间隔时间为5秒钟。如果，大挂钟连续敲了12下，要花多少时间？

63

哪只鸭子先上岸

图中的两只鸭子，哪只鸭子先上岸？小提示：这两只鸭子有什么样不同？想一想，就会明白。

64

你能从A走到B吗

非常简单的迷宫，你能从A走到B吗？有多少种路线？

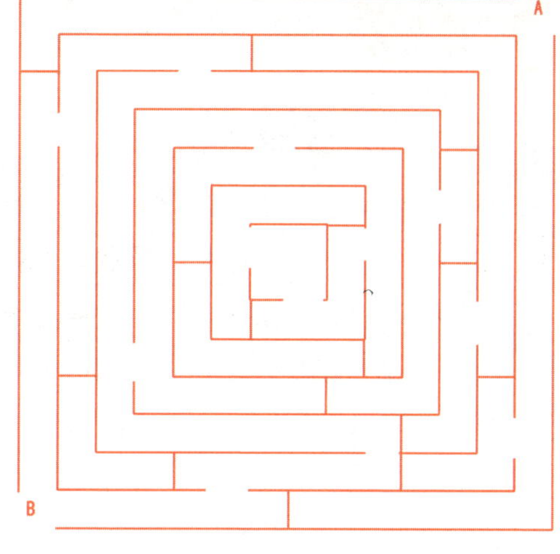

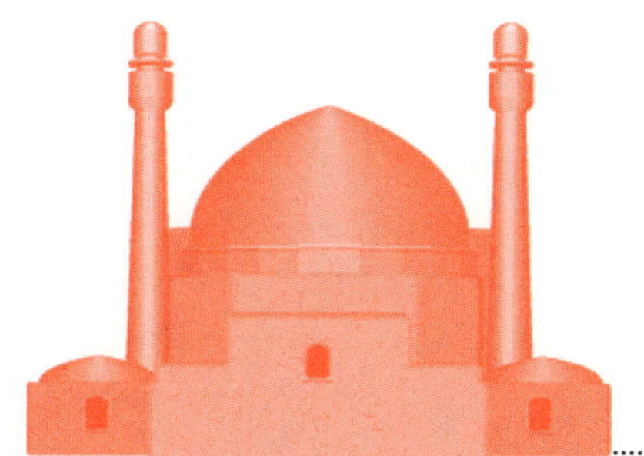

65

糊涂的班长

某班有1名班长和12名士兵，他们负责守卫一个古老的城堡，城堡外是一片山林。班长在城堡四面每面派出3名士兵，有4个嘹望口可以查看哨兵的情况。每天他都从各嘹望口查看一遍，都能看到有3个兵在来回巡视，他非常满意自己的士兵能坚守岗位。可是，没过几天有人告发他的士兵天天在城堡外面的山林里打猎。为此，他特地到4个嘹望口查看，发现每面都有三名士兵。人怎么可能会少呢？他们全站在那儿呀！班长想。你知道为什么每面仍有3名士兵，而每天都有士兵去打猎吗？士兵们是怎么样糊弄班长的？

66

射瓶子

三位神枪手聚在一起，欲比一比谁的本事大。如图，他们在一张只有三条腿的桌子上放了4个瓶子，看谁能用最少的子弹射倒四个瓶子。甲用了3枪就射倒4个瓶子。轮致了乙，他只用2了枪。神奇的是丙，他只用了一枪就将四个瓶子射倒了。当然，最后丙的本事最高，但你知道他们是怎么射的吗？

67

巧进城堡

有一座城堡，城主下了一道命令，不许外面的人进来，也不许里面的人出去。看守城门的人非常负责，每隔十分钟就走出城门巡视一番，看看是否有人想偷着出去或进来。詹姆斯有急事要进城去找他的朋友商量，可是看守城堡的人又那样认真，怎样才能趁守门人不注意时，偷偷进入城堡呢？詹姆斯想到一条妙计，顺利地进入城堡。

你知道詹姆斯是怎样做的吗？

68

快速建楼房

你能不能不用任何绘画工具，将左图的一间平房变成两层楼的楼房？

69

查账

米琪小姐在一个商店里做收银工，有一天她在晚上下班前查账的时候发现现金比账面少153元。她知道实际收的钱是不会错的，只能是记账时有一个数点错了小数点。那么，她要怎么才能在几百笔账中找到这个错数呢？

70

铁球与水

在一个装了很多水的大水缸里浮着一个小塑料盆，小塑料盆里装着个一铁球。请问：如果将这个铁球从取小塑料盆里出来直接放进水缸里，请问水缸的水面比刚才是上升了还是下降了？

71

最少几次

有100只啤酒瓶，其中有一只瓶子在重量上与其它99只瓶子不同，由于不知这只不一样的瓶子是比其它瓶子重还是比其它瓶子轻，如果用一台天平，最少多少次就能把这只不一样的瓶子找出来。

72

倒水

有一个正方体的桶，能装10升水。你能用它量出5升的水吗？

第二章

增强应变力的思维游戏

73

变空水壶

满满一大壶水，足有10斤重，一口只能喝半杯，你能在10秒内让水壶一下子变空吗？

74

罐子里的糖

一次放进一颗糖块，一个能装3斤糖的空罐子，放进多少颗糖块就不是空罐子了？

75

选择死法

从前，有一个人触犯了法律，被国王判处死刑。这个人请求国王宽恕，国王说：“你犯了死罪，罪不能赦，但我还是允许你选择一种死法。”这个人一听，非常高兴地选择了一种死法，而国王一言既出，驷马难追，看到这样的结果只好无奈地摇了摇头。

请问：这个人到底选择了一种什么死法？

76 几枚邮票

6角的邮票每打有12枚，那么1.2元的邮票每打应有几枚？

77 聪明的焊工

一个冬天的清晨，焊工差几个焊接点就将完成焊接任务时，氧气瓶里没有氧气了。这时候，焊工怎样才能快速弄到一点儿氧气，以便完成工作呢？

78 月份相连

想一想，12个月份中，哪两个相连的月份都是31天？

79

兔子的数量

在一个菜园里，有128只兔子在埋头偷吃萝卜。农夫看见后非常生气，拿起猎枪“砰”地一枪打死了一只兔子。请问：菜园里还剩多少只兔子？

80

鱼缸不溢

在一个盛满水的鱼缸里，将小木块、小石块或者橡皮等物品放进去，水就会从鱼缸里溢出来。但是，为什么把一条与上述物品同样体积的小金鱼放进去，水却不会溢出来呢？

81

如何计算

游戏开始了，请你快速计算：

一辆载着16名乘客的公共汽车驶进车站，这时有4人下车，又上来4人；在下一站下去4人，上来10人；在下一站下去11人，上来6人；在下一站，下去4人，上来4人；在下一站又下去8人，上来15人。

还有，请你接着计算：公共汽车继续往前开，到了下一站下去6人，上来7人；在下一站下去5人，没有人上来；在下一站只下去1人，又上来8人。

好了，记住你的计算结果，请翻开下一页回答问题。

这辆公共汽车总共停了几站？

82

动力

电子表的动力是电池中的电能，那么你知道机械表的动力是什么吗？

83

敲门的人

地球上唯一存活下来的男人，坐在桌旁准备写遗书，突然听见外面传来敲门声。人类以外的动物早就死光了，也不可能是石子被风吹起打在门上的声音。当然，外星人也没有入侵地球，那么，到底是谁在敲门呢？

84

互看脸部

两个女人一个面向南一个面向北站立着，不允许回头，不允许走动，也不允许照镜子，她们怎样才能看到对方的脸？

85

司机应急

一位新手司机驾驶小轿车会见朋友，半路上忽然有一个轮胎爆了。当他把轮胎上的4个螺丝拆下来，从后备箱里把备用轮胎拿出来时，不小心把4个螺丝踢进了下水道，无法取出来了。

请问：新手司机该怎么做才能使轿车安全地开到距离最近的修车厂？

86

摘苹果

一个没有双眼的人看到树上有苹果，他摘下了苹果又留下了苹果。这是为什么呢？

87

反插裤兜

发挥一下想像，怎么才能把你的左手放入右边的裤兜里，而同时又将右手放入到左边的裤兜里。

88

永远坐不到的地方

儿子和爸爸坐在屋中聊天。儿子突然对爸爸说："我可以坐到一个你永远坐不到的地方！"爸爸觉得这不可能，你认为可能吗?

89

月亮游戏

让你的朋友把"亮月"这个词迅速说15遍，然后再让他把"月亮"迅速说15遍。等他说完后，你马上问他后羿射的是什么，让他快速回答。

90

喂什么

问你的朋友这个问题，尽管非常简单，却很少有人能答出来：

一个农夫买了一头牛，这头牛有两只耳朵、四条腿，还有一条尾巴，请问喂什么?

注意：在问的过程中照着上面表述就行了，不要做过多的解释。

91

正反都一样

哪一年的年份写在纸上，再把纸倒过来看仍然是这一年的年份数？

92

不能在夜间吃的饭

什么饭不能在夜间吃？

93

相向同速

竞赛小汽车在什么时候能够和火车同一方向、同一速度前进？

94

发生了什么

如果现在刚出生了一名最美丽的小女孩，那么世界上发生了什么事情？

95

买东西

一个哑巴在商店买钉子。他先把右手食指立在柜台上，左手握拳向下做敲击的动作，售货员给他拿来了一把锤子，哑巴连连摇头，于是售货员明白了他想买钉子。哑巴买完钉子后高兴地走了。这时又进来了一个瞎子，他想买一把剪刀，请问他会怎么做？

96

火柴落地

拿一根火柴从一米高的地方松手让它下落，你能让它落地后不再滚动吗？

97

火车的位置

一列火车由北京开到济南需要四个半小时，行驶两个小时后，这列火车应该在什么地方？

98

狗狗赛跑

两只狗赛跑，甲狗跑得快，乙狗跑得慢，跑到终点时，哪只狗流汗多？

99

取出药片

平平感冒了，医生给他开了一瓶药片。药瓶是用软木塞子密封的。在不拔出瓶塞，也不在上面穿孔的情况下，能从完好的瓶子里取出药片吗？

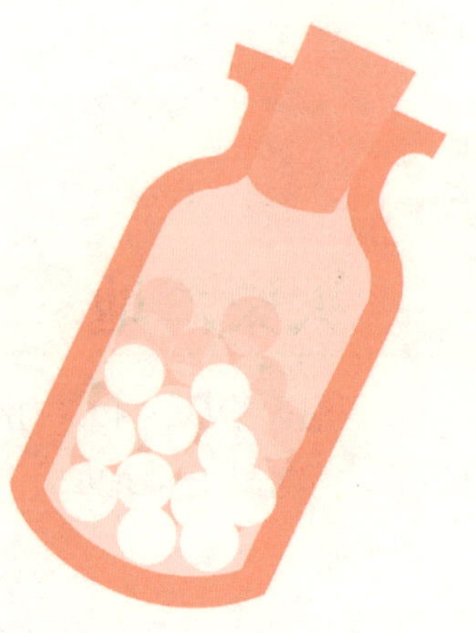

100

立鸡蛋

有一次在吃晚餐时，爸爸出了一道难题考牛牛。爸爸拿出一个鸡蛋说：“牛牛，你能把这个鸡蛋立在桌子上吗？”

牛牛左立右立，怎么也立不起来，只好向爸爸求教。而爸爸轻而易举地就把鸡蛋立起来了。你知道怎样才能做到吗？

101

洞里的土

工人在山腰挖了一个大洞，洞深10米，宽1.5米，高2米。请问：洞里面有多少立方米的土？

102

猜猜我是谁

我可以利用自己嘴里的武器吓跑欺负你或者你的朋友的敌人，但是面对儿童举起的砖头，我就不得不马上逃走。请问我是谁。

103

轮胎如何换

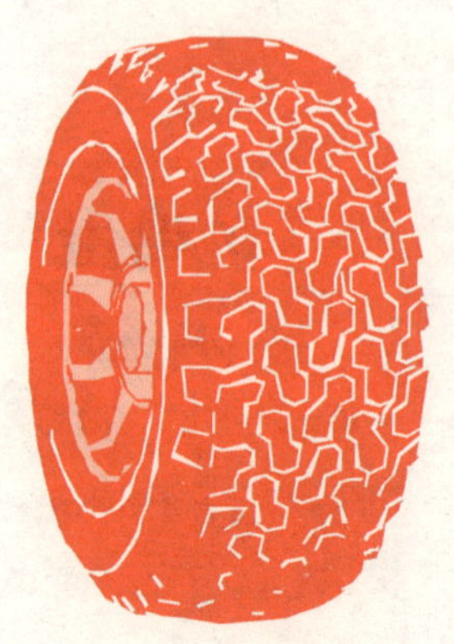

有一个做长途运输的司机要出发了。他用作运输的车是三轮车，轮胎的寿命是2万里，现在他要进行5万里的长途运输，计划用8个轮胎就完成运输任务，怎样才能做到呢？

104

蚂蚁通行

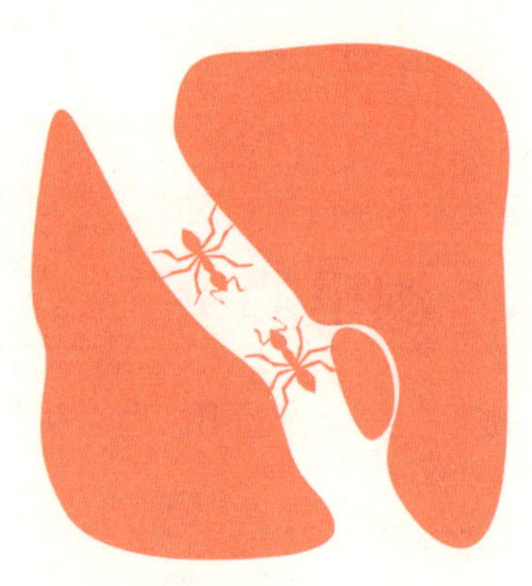

一只蚂蚁在地下通道里爬行，对面又来了一只。由于通道非常狭窄，只能单只通过。幸好，通道一侧有个凹处，刚好能容得下一只蚂蚁，可不巧的是，里面有一个小沙粒，把它移出来后又把通道堵住了，还是无法通行。两只蚂蚁应该怎么做才能都顺利通过呢？

105

如何过河

明明牵着一只狗和两只小羊回家，路上遇到一条河，没有桥，只有一条小船，并且船很小，他每次只能带一只狗或一只小羊过河。你能帮他想想办法，把狗和小羊都带过河去，又不让狗吃到小羊吗？

称糖

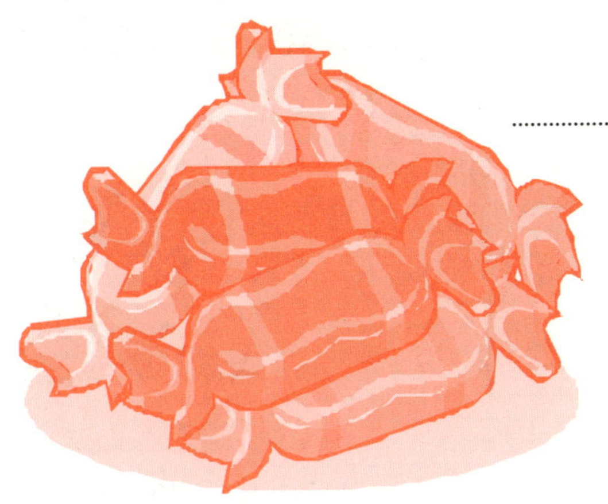

用一个只能称100克以上物品重量的天平，称3个重量都比50克大但都达不到100克的糖。请问：你用什么办法能准确地称出它们的重量？

107 同颜色的糖块

有一瓶糖块，其中有红、黄、蓝3种颜色。如果蒙上你的眼睛，让你抓取两个同种颜色的糖块：请问你至少要抓取多少次，才能确定你抓到的糖块中至少有两块同样颜色的糖块？

108 怎么回事

一天，一位妇人在自己的房间做针线活时，儿子闯了进来。她说“我一给他下父母之命：‘走开，儿子，不要打扰我’，儿子就回答说：‘确实，我是你的儿子；但是你不是我的妈妈！在你告诉我这是怎么回事之前，我是不会走的。’”这是怎么回事呢？

109

竟然没事

阿飞是一位优秀的空降兵，有一次他们排乘飞机去执行一项任务。飞机飞上高空不久，阿飞从飞机座椅上跳了下来，伞没有打开，可是奇怪的是，他却安然无事，你知道他有什么神奇的本事吗？

110

虚假证供

某富翁将自己的独女视为掌上明珠。但不幸的是，有一天她被人绑架了，数日后，尸体被附近一幢别墅的户主发现。

这位房主说："我是做船务生意的，经常外出。我爱人和孩子在国外，这里大概有两年多没住人了。昨晚我才返港，早上特地来这里取一些衣服，打算寄给我爱人。没想到，在衣柜内竟发现了这具女尸。不过，绑匪似乎对这里的环境很熟。我希望能尽早查个水落石出！"

警方听完他的供词，又将衣柜检查了一遍，发现衣柜里放了不少樟脑丸，随即逮捕了别墅户主。

你知道原因吗？

111

雪夜疑案

由于前一夜下大雪，这天早晨的气温降到零下5度。

刑警就一桩凶杀案在询问嫌疑犯不在场的证明："昨晚11点左右你在哪里？"

这位寡居的女性回答说："大约9点半，我的旧电视发生短路，然后停电了。因为我对电器一窍不通，自己无法修理，所以只好睡了。今天在你们来访前半个小时，我打电话给电器行，他们却告诉我，只要把大门口的安全开关打开便会有电。没想到竟会这么简单！"

但刑警只扫了一眼旁边鱼缸里游动的热带鱼，便知道了她话里的破绽。

请问，证据何在？

115

智者的趣题

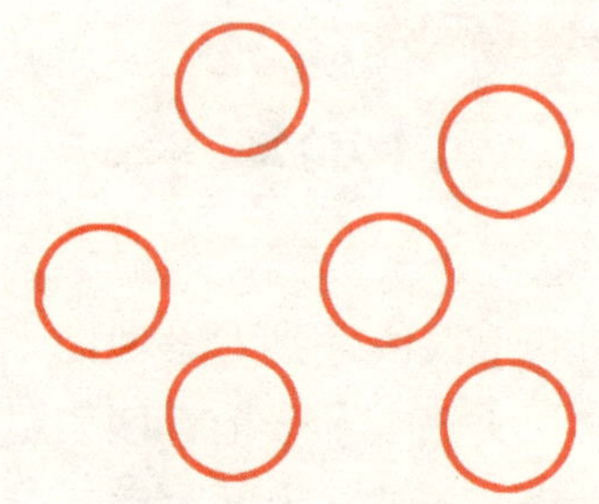

听说智者要招收最后一个学生，很多聪明的人都想成为智者的学生，以便学到更多的知识。来到智者的门前，看到了智者画在墙上的6个小圆（如图）。旁注说：现在要把3个小圆连成一条直线，只能连出两条。谁能擦掉一个小圆，把它画在别的地方，以便能连出4条直线，每条直线上也都有3个小圆。谁能第一个画出，我就收谁做我的学生。

116

使等式成立

请在下列算式中，添上＋、一、×、÷等算式符合，使等式成立。

1 2 3 4 5＝6 7 8 9

117

戴墨镜的杀手

市郊的一座公寓里住着两个小伙子，一个姓田，一个姓林。

这天，大雪纷飞，王警官和助手接到小田报案，说刚才小林被人枪杀了。他们赶到现场，只见小林头部中了一枪，倒在血泊中。

小田说：“我刚才正与小林吃火锅。忽然闯进来一个戴墨镜的人，对准小林开了一枪后逃走了。”

王警官看到桌上摆着还冒着热气的火锅，于是说道：“别装了，你就是凶手!”

请问，这是为什么呢?

118

如何通过（1）

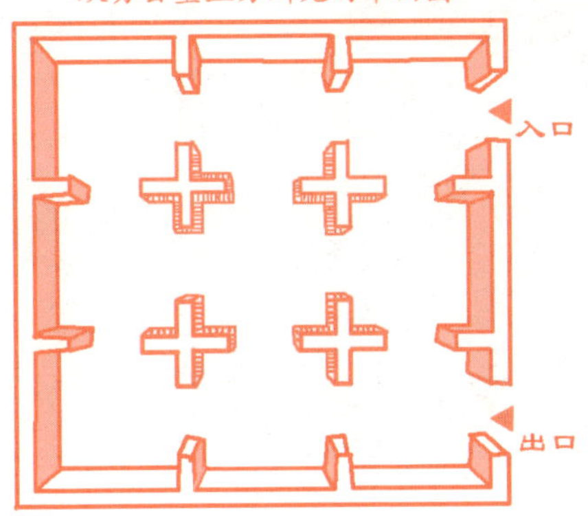

这是一幅从办公室上方所看到的平面图。你能只转向2次就通过所有的房间吗？

119

苹果找差别

有10筐苹果，每筐里有十个，共100个，每筐里苹果的重量都是一样，其中有九筐每个苹果的重量都是1斤，另一筐中每个苹果的重量都是0.9斤，但是外表完全一样，用眼看或用手摸无法分辨。现在要你用一台普通的大秤一次把这筐重量轻的找出来。

120

添1变18

右图是含有7个大小不等的三角形，你能找一个三角形加上去，使图内含有18个大小不等的三角形吗？

121

火车与大风

在铁轨上，有辆电动机车以每小时100公里的速度向前正常行驶。那天，风很大，而且正对着，车头迎面吹来，迎面的大风以每小时30公里的速度刮过来。现在有一个问题考考你，你知道，从车头冒出的浓烟会以什么速度飘向哪个方向？

122

掉在井里的鸟

有一只喜鹊掉在一个枯井里了，它能自己飞出来吗？

123

比大小

用4个1组成4个不同的数，使它们一个比一个大。用3个9组成4个不同的数，使它们一个比一个小。用5个5再加上一些普通的数学符号，组成一个等于1的数。

4个“1”：( ) < ( ) < ( ) < ( )

3个“9”：( ) > ( ) > ( )

5个“5”：5 5 5 5 5=1

124

做手术

皮特手执鲜花到医院去接新婚的妻子，医院的护士对他说："你的妻子正在做手术。""什么手术？""大脑手术。"皮特可未因妻子正在做什么手术而自责，反而在外边哼起了歌。他是不是对妻子太无情了呢？

125

三角形管线

这是一个有几个不可能存在的三角形组成的图像。想象这个图形是由金属管制成，再进一步假设我们如图所示，把一个立方体（蓝色面朝上）放进去，让它沿着金属管绕行一圈。当它回到原处时是哪一面朝上呢？

126

布满镜子的小房

有一间小房里的四周全部布满镜子，所有的墙面、地面，甚至门，没有不是镜子的地方，你走进去，关紧门，将会看到什么现象？

127

两个太空人

有两个太空人在火星上探测。一个人和他的同伴打赌，说他可以闭上眼睛，能在上面走上整整1公里而且距离完全正确。他能做到吗？

128

深夜里的神秘故事

连接A地和B地的公路是高架式的车道，半路上也没有任何路口可以驶离车道。

在一个深夜，有两部车子由A地出发，向B地疾驰。一部是强盗的车，另外一部则是吊车。

然而，到达B地的却只有吊车，强盗的车子似乎在半路上像烟雾般消失了。也没有任何迹象显示，该车掉头转回原地去。

那么，强盗的车到底跑到哪儿去了呢？

129

神秘的触电死亡

亚马逊河是世界第二大河流，经巴西流向东方的大海。在亚马逊河上游，有一片神秘的热带雨林。

这天，一个昆虫学家来到这里采集新的蝴蝶标本。在这片热带雨林里，他忍受不了酷暑的炎热，决定到河里洗个澡。

他脱光了衣服跳进河里，正当他痛痛快快地游泳时，突然一声惨叫，全身瘫软，当即身亡。经勘验，他是因触电而死。

然而，这里是尚未开发的处女地，既无发电机，也无输电线路。当时天空晴朗，万里无云，不可能是遭受雷击。

那么，此人是触了什么电死亡的呢？

130

字母迷宫

这是全世界最简单的迷宫了，因为到终点只有一条路。不过，你必须遵循特定的规则：每次都只能前进或后退四步或是七步，并且在抵达终点之前每个英文字母都必须走到，该怎么走呢？

131

3个砝码

只有3个不同的砝码，你能用磅秤称出包括3到13千克的所有整数吗？

132

超车之谜

爸爸带着皮皮开着新买的小汽车沿湖滨公路游览，皮皮坐在里面别提有多么开心。这时，皮皮从车镜里看到后面有一辆破旧的小货车，开得很慢，像一位老人在艰难地往后倒着走。小货车越掉越远，渐渐看不见了，皮皮高兴得在车上手舞足蹈。

湖边的路只有三米多宽，是单行线，皮皮玩累了，一会儿就睡着了。等他一觉醒来，简直不相信自己的眼睛，小货车竟然慢腾腾地开在自己的车前面，它是怎么超过去的？

133

骡子下驹

在一起杀人案件的调查中发现，一个从事奶酪业的农夫很可疑。当刑警找他询问有无不在场的证明时，农夫回答说：

“什么？你们怀疑我？真是岂有此理！那天夜里我一直在家里，我家的骡子生产，整整折腾了一夜，因是难产，所以拂晓时连骡子带驹都死了。”

“你还饲养骡子？”

“是的。我想让它们互相交配生仔但还是失败了。要是求助兽医就好了，可没钱啊。”

这些话是真实的吗？

第三章

挑战发散思考的思维游戏

134

图形的奥秘

在一张纸上随意画5个图形，你能使这5个图形中的每个图形都与其他4个图形有一条共同的边吗？

135

星星的摆法

有4颗摆放很不规则的星星，你能用一个正方形将它们连在一起吗？

136

4线连9点

如图，一笔画出4根直线把9个点连接起来。你能做到吗？

137

横竖都是6

有10枚硬币，要求按照“十”字形状排列，使得不论横着或竖着数都是6枚。想想该怎么摆?

138

毛毛虫的任务

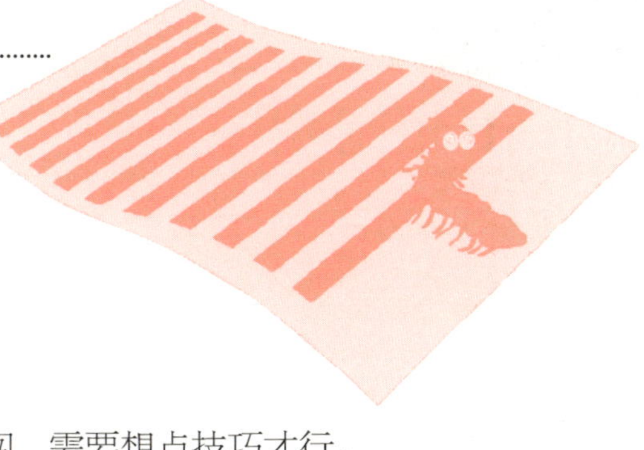

毛毛虫的妈妈交给毛毛虫一个艰难的任务：从一张纸的一面爬到另一面去。毛毛虫想：每一张纸都有两个面和一条封闭曲线的棱，如果由这个面爬到另一个面必须要通过这条没有任何支点的棱，想要通过这条棱，即使我这样的身躯也会有“坠崖”的危险。看来不能硬闯，需要想点技巧才行。

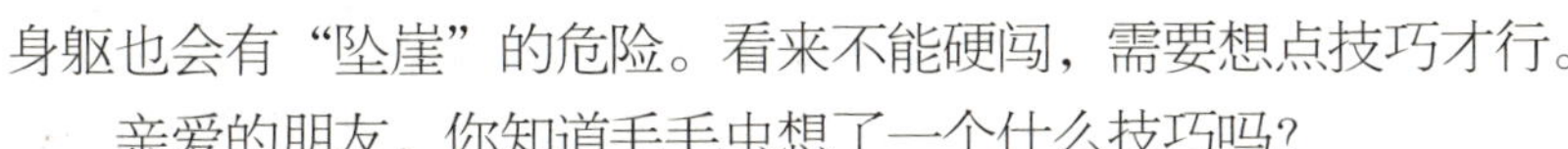

亲爱的朋友，你知道毛毛虫想了一个什么技巧吗?

139

扩大水池

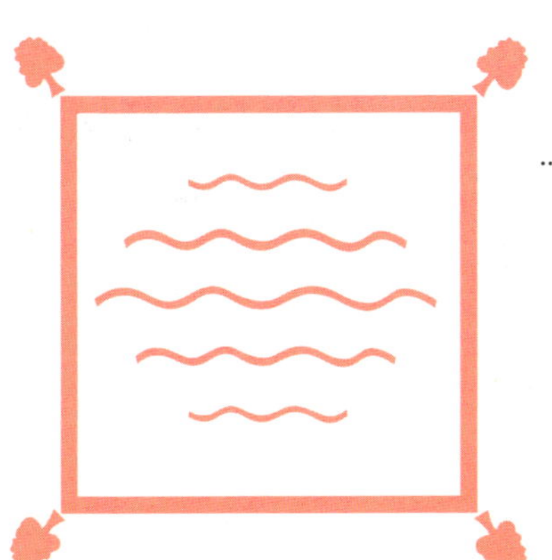

左图中有一个正方形水池，水池的4个角上栽着4棵树。现在要把水池扩大，使它的面积增加一倍，但要求仍然保持正方形，而且不移动树的位置。你有什么好办法吗?

140

飙车

达达和乐乐两兄弟经常用爸爸买给他们的摩托车进行双人飙车比赛。爸爸为此感到头痛不已。

有一天，爸爸对他们说："我现在要你们两个进行摩托车比赛，晚到的车主就能够获得出海旅游的机会。"爸爸以为这样就可以阻止他们飙车，没想到比赛一开始两兄弟的车速比以前更快了。

这是为什么呢?

141

10根变9根

有10根相等间隔的平行线，不再添加线，怎样使其变成9根?

142

直尺测牛奶

有一个牛奶瓶，其下半部分是圆柱形，高度为整个瓶高的3/4；其上半部分形状不规则，占瓶高的1/4。现在瓶内只剩半瓶牛奶，在不打开瓶盖的情况下，利用一把直尺，怎样测定这些牛奶占整个牛奶瓶的百分比?

注：牛奶瓶的内径在求百分数时可以不计。

143

巧摆硬币

如图，每个点上放有一枚硬币。你能不能只改变一枚硬币的位置，使它形成两条直线，而且每条直线上各有4枚硬币？

144

倒硫酸

一个不规则的透明玻璃瓶，上面只刻着5升、10升两个刻度，而里面装了8升硫酸，现在需要从中倒出5升，别的瓶子上都没有刻度，硫酸的腐蚀性又大，请你帮助想想，用什么办法一次就能准确地倒出需要的量？

145

取滚珠

科技课上,老师布置了一个有趣的任务：在一段两端开口的透明软塑料管内，装有11颗大小相同的滚珠，其中有5颗是深颜色的，有6颗是浅颜色的(如图所示)。整段塑料管的内径是均匀的，只能让一个滚珠勉强通过。你要想尽一切办法把深颜色滚珠取出来，如果不先取出浅颜色滚珠，又不切断塑料管，深颜色滚珠是不会出来的。那该怎么办呢？

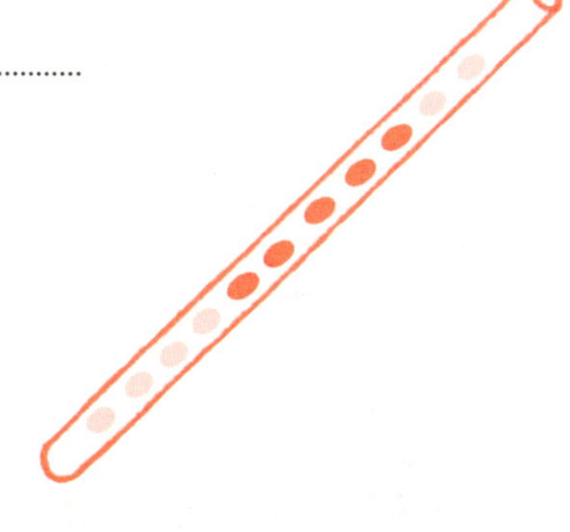

146

书的厚度

书架上并排放着两本线装古书，分别为上册、下册。这两本书的厚度都是2.5厘米，封面和封底的厚度也都是1.5毫米。有一只书虫钻进了书中，它从上册的封面开始啃书，一直啃到下册的封底。你能计算出这只书虫啃了多厚的书吗？

147

胜利的秘诀

桌子上放着15枚硬币，你和你的对手轮流取走若干枚。规则是每人每次至少取1枚，至多取5枚，谁拿走最后一枚谁就能赢得全部15枚硬币。你应该怎样做才能保证一定胜利呢？

148

哪里都热

环球旅行家比尔夏天的时候刚好到达广州，那里正晴空万里。比尔说：“早知道这里和那里一样热，我就不用花6个月的时间跑到这里来了。”

你认为旅行家的话正确吗？

149

房子的位置

地球上有一所房子，当你在房子周围走一圈，要确定4个方向时，会发现四周的方向都一样。那么这所房子到底在哪里？

150

信不信由你

题中有一个大方框，如果你相信事情会发生，请在方框里填上“是”，如果你不相信，就在方框里填上“否”。

然后请看下面的解答去瞧瞧那件事情是什么，看你预测得正确不正确？我敢保证你一定预测得不正确，不信，你就试试！

151

区分红绿豆

用一个锅同时炒红豆和绿豆，炒熟后往外一倒，红豆与绿豆便自然分开，请问该怎么炒？

112

自杀疑案

这天，宋警官接到报案，说有人在家里自杀了。宋警官与助手很快赶到发案现场。只见死者全身盖着毛毯躺在床上，头部中了一枪，使用过的手枪滑落在地上。床头柜上放着一张纸，上面写着："我赌输了钱，负债累累，只有一死了之……"助手看完现场，没有发现什么可疑的迹象，便说："看来这人是自杀的。"

宋警官没有作声，又走近床边，揭开盖在死者身上的毛毯，看了看说："他不是自杀。"助手不解，问为什么。宋警官向他解释了一番，助手恍然大悟。不久，他们捉住了杀人凶手。

宋警官根据什么断定这不是自杀？

113

火柴的减法

16根火柴可以摆成4个正方形，现在把火柴减到15根、14根、13根、12根，仍然要摆出4个正方形。你认为可能吗？

114

盲人分袜

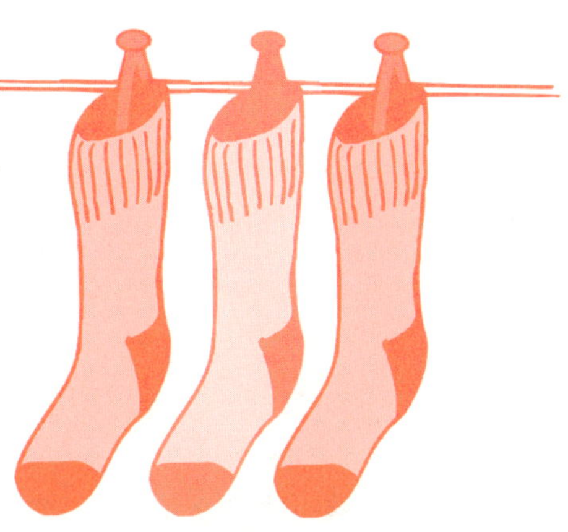

有两位盲人，他们都各自买了两双黑袜和两双白袜，八双袜子的布质、大小完全相同，而每双袜子都有一张商标纸连着。两位盲人不小心将八双袜子混在一起。他们每人怎样才能取回黑袜和白袜各两双呢？

152

转换方向

这里用35根火柴排出了一条呈方形的螺旋线。如果从里向外沿这条螺旋线行进，就要按顺时针方向兜圈子。

现在要求移动4根火柴，使图形仍是一条呈方形的螺旋线，不过在从里向外沿这条螺旋线行进时，是按逆时针方向兜圈子。想想该怎样移动？

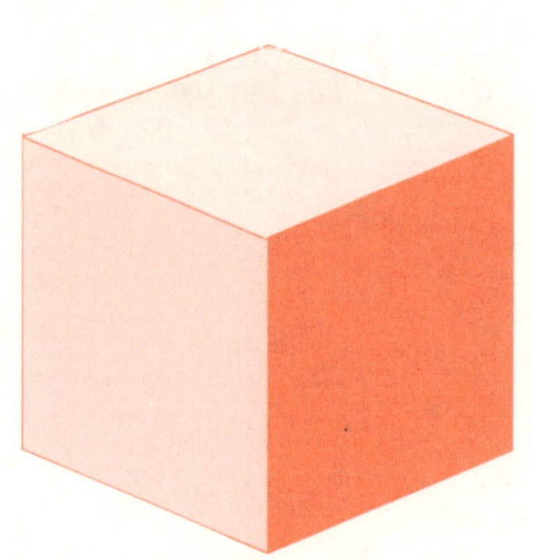

153

切木墩

院子里有一个正立方体的木墩。胖胖想把它切成27块用来搭积木。你猜胖胖最少要切几刀才能完成任务？

154

互相牵制

一块有36个白方格组成的形状大小一样的正方形白布上，不小心被哪个淘气鬼碰倒了墨水。墨水正好洒在正方形白布的两条对角线处。有位老先生说只要在干净处滴上8滴他特制的药水就可以让墨迹自动消除，但是这8滴药水不能处在同一横行或者竖行线上，也不准在同一条对角线上，如果违反了，整块布都会渗透成黑色。现在，老先生自己滴了一滴，剩下的7滴由你自己想办法解决，你该怎么做？

155

斯芬克斯谜题

古希腊有一个神奇的怪物叫斯芬克斯，它上身是一个女人的头像，后面却是狮子的身体。斯芬克斯来到底比斯城后，蹲在一个小山头上，注视着过路的人。每一个进入底比斯城的人都会被它拦住，然后被问一个问题：

世界上有一种动物，这种动物早晨四条腿，中午两条腿，晚上三条腿，腿越多，力量越弱。这是什么动物？

如果行人答不上来，立刻会被它吃掉；如果行人答对了，斯芬克斯就会跳悬崖而死。后来俄狄浦斯回答了出来，为底比斯城除去了一大祸害。你知道应该怎么回答吗？

156

喝酒

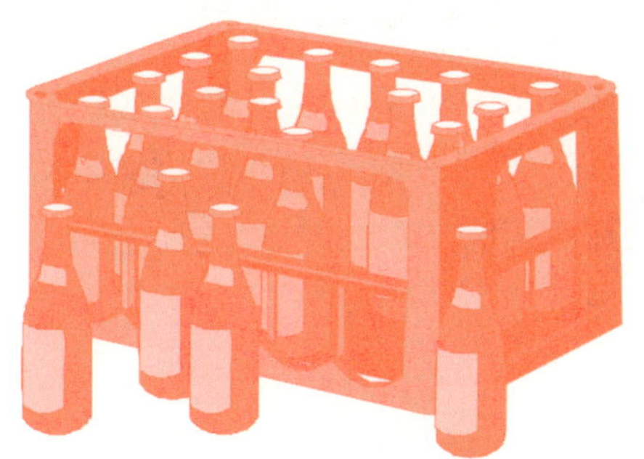

在单位聚会上，一个人在喝啤酒，从上午11点喝到下午2点，每30分钟喝完一瓶。问这段时间内，这个人共喝了多少瓶子？

157

8根火柴

你能用8根火柴拼成2个正方形和4个三角形吗？

158

飞回原地

有两个人想从北京出发驾驶飞机环球旅行。一个人说：我向着北方飞行，只要保持方向不变，就一定能保证飞回北京。另一个人说：我向着南方飞行，只要保持方向不变，也一定能飞回北京。

他们说的对吗？

159

骤变的体重

“我最重的时候是85公斤，可是我最轻的时候却只有3公斤。”当约翰向别人说这件事情的时候，别人都不相信。

请你想一想，这可能吗？

160

小熊猫的任务

最爱吃竹子的小熊猫今天怀里竟然抱了9根火柴棒。原来，小熊猫是要完成妈妈交给他的任务：用9根火柴棒拼出6个正方形。看来，小熊猫今天是完不成任务了。你能帮帮他吗？

161

分蘑菇

两只小兔子在森林里拣到了一堆蘑菇。为平均分配这堆蘑菇他们争吵起来了，最后只好把这个问题交给森林国王老猴子来处理。结果老猴子给它们出了一个绝妙的点子，两只小兔子高高兴兴地均分了这堆蘑菇。

请问：老猴子出了一个什么点子呢？

162

自驾旅游

小丁和小林每人刚买了一辆新车，周末约定开着新车去自驾旅游。他们同时由同一个地方出发，走的是同样的路线，小林的车没有超速，小丁的车也从来没有超过小林的车。

请问：小丁有可能被开罚单吗？

163

谁的孩子

3个人在一起散步。第三个人说：第二个人是第一个人的孩子。但第一个人却反驳说，我不是第二个人的妈妈，他也不是我儿子。他们的话都是事实，那么是谁搞错了啊？

164

消失的火柴

下图是由11根火柴组成的两个正方形和一个三角形。现在你只需要移动其中两根火柴，使11根火柴全部消失。(尽情发挥你的创意，从任何角度进行思考……)

165

一字多用

下面6个词组中的动词大多不能互换，然而有一个字是可以替代所有的动词的，你知道是哪一个吗？

跳水 买油 砍柴 做短工 写字 敲鼓

①跳水 ②买油 ③砍柴
④做短工 ⑤写字 ⑥敲鼓

166

来回的疑问

在一个无风的天气里，某人从A地乘摩托车到B地，车速每小时35公里，途中并无坡道，只有一处需要轮渡。过轮渡时并没有等待，车一到就上船了，共用了80分钟。回来时仍是原来的路线，在轮渡处也正好赶上班次，车速也一样。可是到了目的地一看表，却走了一个小时又二十分钟，这是怎么一回事？

167

指针重合

钟表的时针和分针不停地走。问时针和分针在一昼夜中有几次一点不差地重合？

168

木船过桥

一条木船通过一座桥洞时，发现货物虽然不多，但装得高了一点，约高出桥洞1厘米。若要卸掉一些货物吧，无奈货物是整装的，一时无法卸下；若不卸吧，怎么也过不去。你能够想个简单的办法，在不卸货的前提下解决这个难题吗？

169

按计划行事

一个中学生制定了一个读书计划：一天读20页书。但第三天因病没读，其他日子都按计划完成了，问第六天他读了多少页？

170

巧移火柴

下面是淘气鬼扔下的烂摊子。请你移动其中的一根火柴使等式成立。

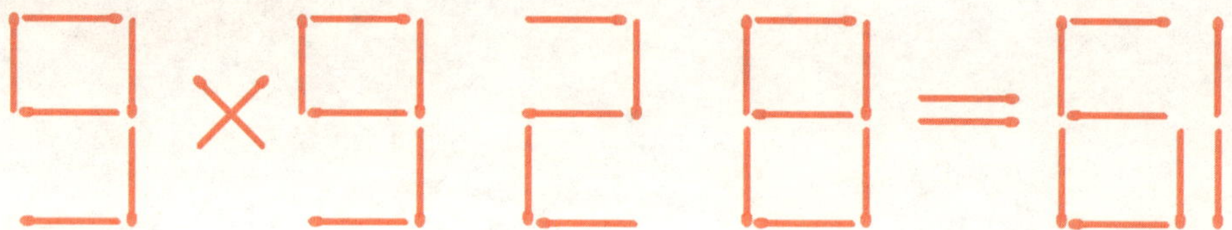

171

园丁的妙招

公园里新运来一些漂亮的花岗岩，其中一个重达15吨，另外一些小的花岗岩也有150公斤重。现在园丁师傅为了更加美观，想把这块大岩石放到小岩石上，但想要搬动这块15吨重的庞然大物似乎不太可能。刚巧有一位新来的园丁得知此事，两三下就把这块巨石搞定。你猜新来的园丁想了一个什么妙招？

172

手准的可可

有一枚普通的硬币，可可一共抛了15次，每次都是正面朝上。现在可可想再抛一次，你知道正面朝上的几率是多少吗？

173

要走多少步（1）

如下图：一排7个方格里，前三格里放有3颗实五角星，后三格里放有3颗空五角星。现在请你任选一种方法：把五角星移到相邻的空格上去，或者跳过旁边的五角星移到旁边的空格上去，但一次只能跳一格。

请问：要使实五角星和空五角星的位置互换至少需要多少步？

174

要走多少步（2）

如下图，图标可以移动，也可以跳跃，但每次只能移动或者跳跃一格。现在把★▲的顺序改成▲★的顺序（中间☆的位置不变），至少需要多少步？

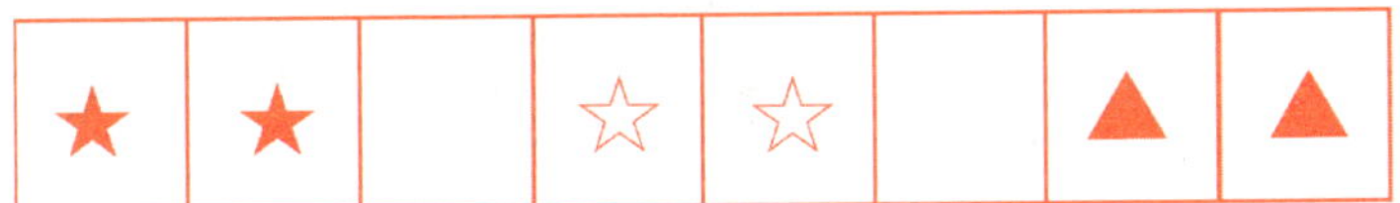

175

象棋成语

图中是一个象棋的棋盘，你要在每个空白棋子上填入一个适当的字，使横竖相邻的四个棋子能够组成一个成语。

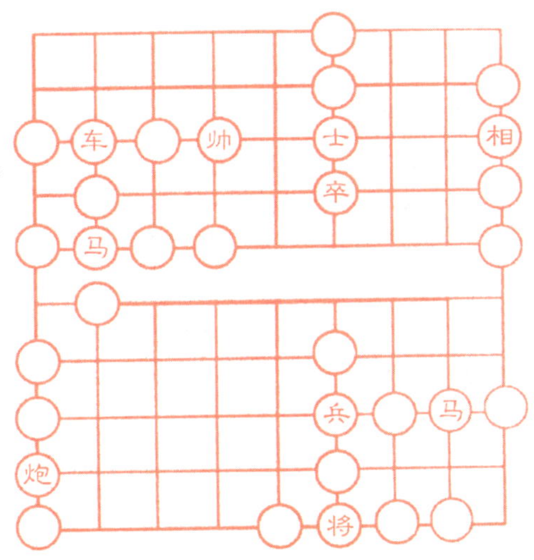

176

梁山英雄

下面的表格中共有梁山英雄的名字或诨号29个，请你在空格中填入适当的字，与已有的字相连，使英雄的名号变得完整。

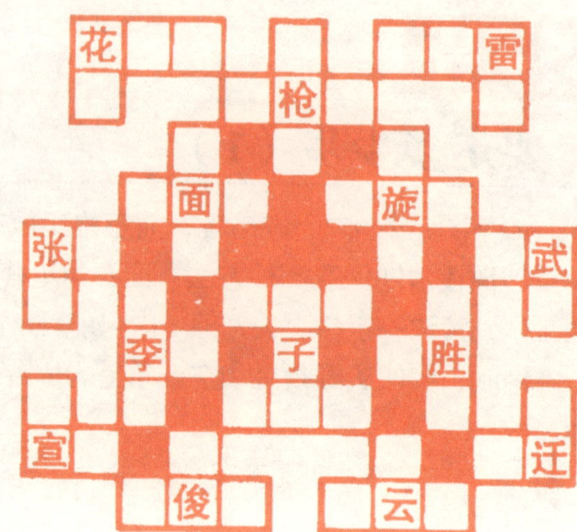

177

旗杆上的蜗牛

在某次城堡举办的盛大典礼上，身高6英尺的休爵士正指挥大家升旗。一只蜗牛正沿旗杆缓慢地向上攀爬。蜗牛在白天向上爬三英尺，而夜里滑下来两英尺。那么，这只蜗牛要想从旗杆底部爬到顶端，需要用多少天?

178

能组成多少种图形

你能用2个弯曲的三方格图形（如下图），组成多少个不同的图形?

179

一题三解

这是一道用火柴排成的错误的算式，要使它成立，需移动其中的2根火柴。你觉得简单吗？可不要骄傲，它可有3种解答方式，而答案都不会相同。

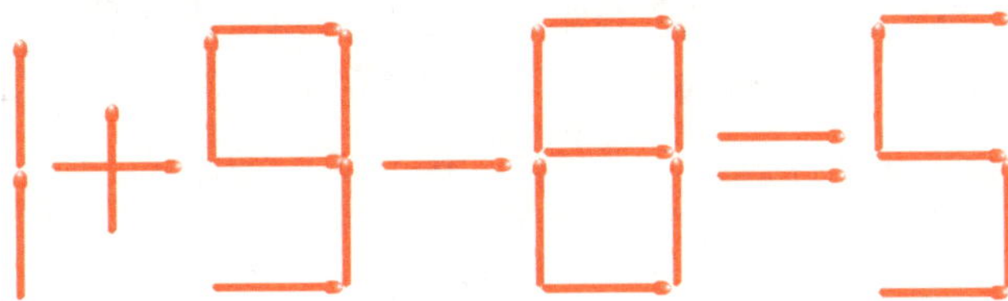

180

五格拼版

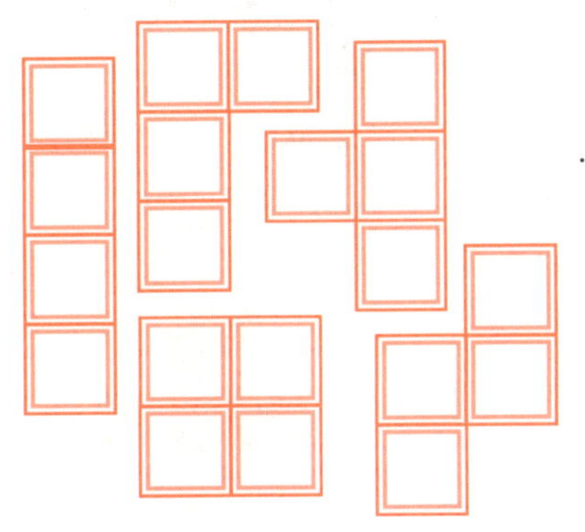

四格拼版是用四个小正方形组成不同的形状，这样可以组成5种图案。五格拼版则是用5个小正方形所拼起来的图案。那么五格拼版可以拼多少种独特的图案呢？

181

泳道有多长

在一个直径100米的圆形场地上，新建了一座长方形的游泳馆，它的长边长为80米。馆内修了一座菱形的游泳池，菱形的游泳池的各顶点刚好在长方形的游泳馆各边的中点上。你能快速算出游泳池的泳道有多长吗？

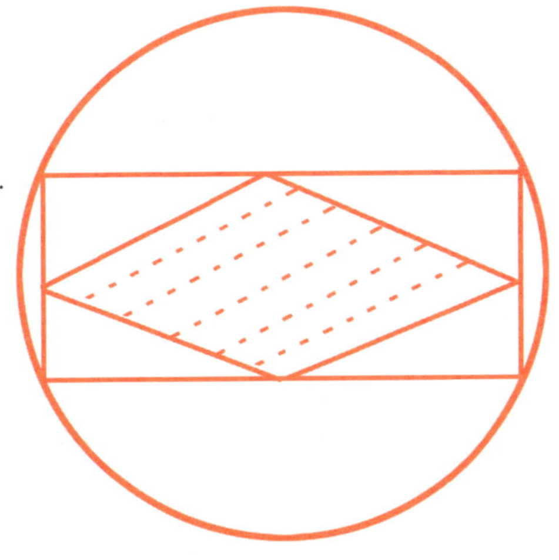

182

倒走的分针

琳达买了一台奇怪的时钟，它的时针行走正常，可是它的分针不仅倒着走，而且每小时会走80分钟。已知6点半钟时时钟的显示是正确的（如图），请问下一次是在什么时候这台钟会再一次正确显示时间？

183

砖块谜题

这些砖块都是四四方方的矩形，虽然它们看起来像是歪歪的。如果从砖块A到砖块B要经过8个白色砖块和9个橙色砖块（包括A和B本身），请问有多少种走法？

184

凶手的身份

在旧金山的一家旅馆内，有位客人服毒自杀，名探詹姆接报后前往现场调查。

被害者是一位中年绅士，从表面迹象看，他是因中毒而死。

“这个英国人三天前就住在这里，桌上还留有遗书。”旅馆负责人指着桌上的一封信说。

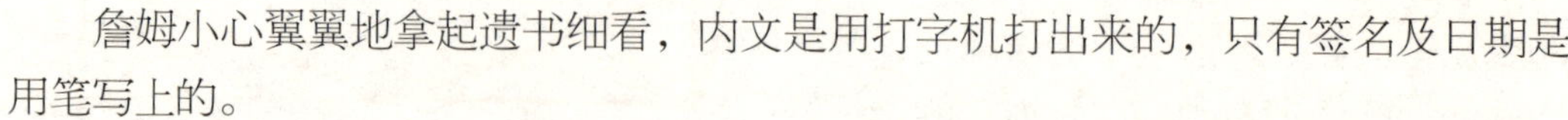

詹姆小心翼翼地拿起遗书细看，内文是用打字机打出来的，只有签名及日期是用笔写上的。

詹姆凝视着信上的日期——3.15.89，然后像是得到答案似地说：“若死者是英国人，则这封遗书肯定是假的。相信这是一宗谋杀案，凶手可能是美国人。”

究竟詹姆凭什么这么说呢？

185

他是窃贼吗

王克是一位邮票收藏家。这天他和妻子回家见房门被撬，急忙推门进去，正好抓住准备逃跑的窃贼。他们报警后，警官赶到现场。王克说保险柜里的几枚珍品邮票不见了。窃贼气呼呼地说："我是来行窃的，不过邮票是别人盗走的。"警官不信他的话，又与王克夫妇仔细地检查房间，结果找到一个纸口袋。他们将纸口袋里里外外查看了一遍，发现在底部有一些鸟粪。

警官立刻给窃贼戴上手铐说："走吧，现在就到你家去取邮票。"王克夫妇愣住了，不知道邮票怎么一下子就到了窃贼家里呢?

请你告诉他们夫妇这是为什么。

186

男同事和女同事

单位年底召开"优秀员工表彰大会"，老田望了望和自己一样站在主席台上接受表彰的同事，对站在旁边的小王说："哈，女同事还真不少呢，占了三分之一。小王也看了看说："哪有那么多，也就占四分之一。"他们都没说错，那么站在主席台上的到底有多少男员工，多少女员工呢?

187

互不相交

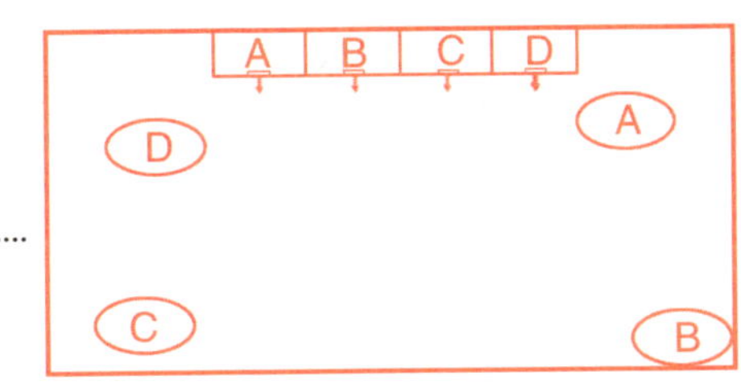

现在有些人常为一些鸡毛蒜皮的小事闹得不可开交，以至像小孩样互不往来。但愿你的心胸能豁达些、迁让些，能很好的与朋友、邻居相处。这不，住在同一个大院里的四户人家A、B、C、D，就因为牛在院里的进出问题产生了矛盾，搞得大家彼此不相往来，结果只好各修了一条通往牛栏的路，两两还不能相交，以免见面又发生摩擦。你知道他们是怎样修路的吗?

188

一张扑克牌

数学家葛教授出差，住在一家星级酒店里。

一天深夜，人们发现他昏迷在酒店的一间包房内，而随身带的钱包却不见了踪影。罪犯在现场没有留下任何痕迹，只是教授的手里握着一张扑克牌“K”。然而，这间酒店的房门号都是三位数，如果说这张牌代表“013”号房门，酒店又恰好没有这个房间号。但聪明的探长还是一下就明白了，很快抓到了罪犯。

你能想出来吗?

189

只有1和0的数列

找出问号处应该是什么数。

1，10，11，100，101，110，？，？

190

哪个的面积大

有两个三角形，一个三角形的三边是3、4、6，另一个三角形的三边是300、400、700。哪一个三角形的面积大。

191

鸡与蛋

地球上是先有鸡呢？还是先有蛋？

192

门上的洞眼

如图所示，有两块木门，每块木门有三个形状不同的洞眼。你能设计两个木塞，第一个能够塞住左边的三个洞眼，第二个能塞住右边的三个洞眼吗？

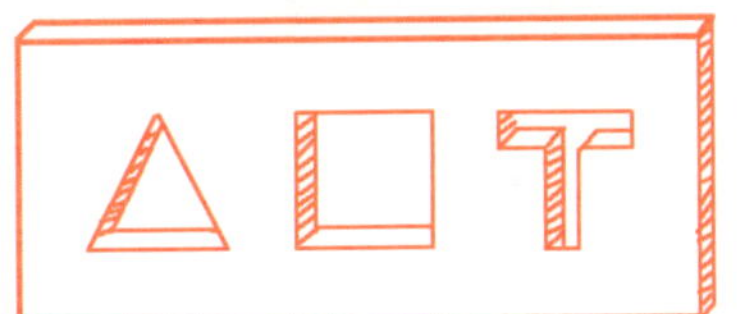

193

能淹没几级绳子

“五一”期间，皮皮一家去海边游玩，他第一次看到海，充满了好奇，特别是看到涨潮落潮时，简直看得入了迷。他很想知道，涨潮时，每小时，海水上涨了多少。于是，他想了一个办法，在大游轮的船舷边上放下一条绳子，绳子上系有10个红色的手帕，每两个相邻的手帕相隔20厘米，绳子的下端还特地系了一块铁棒。放下时，正好最下面的一个手帕接触到水面。

涨潮了，皮皮赶紧跑去看绳子上的手帕，并带上表，记时。他能测出潮水每小时涨多少厘米吗？

194

如何通过（2）

这是一幢旧式洋房。你能一次通过所有的门、最后到达⑧号房间吗？

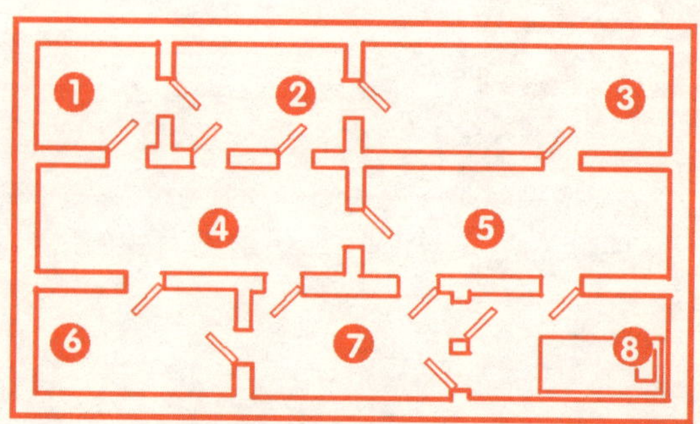

195

奇妙的摩比斯带

一条纸带应该有两面。如果把纸带一头的正面和另一头的反面粘在一起，就成了一个纸圈。你能把这个纸圈带一边涂成红的一边涂成绿的吗？

196

组最大数

用下面这五个数字组成一个最大的五位数。这个数字是多少呢？注意：不能运用次方、相乘的方法，只可以移动或转动。

6、4、7、9、2

第四章

激荡想象力的思维游戏

197

糊涂的卖葱人

一捆葱有10斤重，卖1元钱一斤。

有个买葱人说，我全都买了，不过我要分开称，葱白7角钱一斤，葱叶3角钱一斤，这样葱白加葱叶还是1元，对不对？卖葱的人一想，7角加3角正好等于1元，没错，就同意卖了。

他把葱切开，葱白8斤，葱叶2斤，加起来10斤，8斤葱白是5.6元，2斤葱叶6角，共计6.2元。

事后，卖葱人越想越不对，原来算好的，10斤葱明明能卖10元，怎么只卖了6.2元呢？到底哪里算错了呢？

真假之辨

山脚下春意盎然，蝴蝶和蜜蜂在花丛间飞舞着，养蜂人的妹妹拿来两朵一模一样的花让哥哥猜哪一朵是真花，哪一朵是假花？但只能远远地看，不能用手去摸，更不能去闻。

如果是你，你该怎么办？

199

爬楼梯

甲乙两人比赛爬楼梯，甲的速度是乙的两倍，当甲爬到第9层时，乙爬到第几层？

200

巧变字形

语文老师上课时出了一道很特别的题目，要求大家将下面16个方格中的每个“二”字加上两笔，使其组成16个不同的字。你也试试吧！

二	二	二	二
二	二	二	二
二	二	二	二
二	二	二	二

201

分蛋糕

今天是聪聪的10岁生日。舅舅给他送来了一个特别大的圆形蛋糕。可即使是聪聪的生日，舅舅还是要考一下他，舅舅对聪聪说：“如果你能把这块蛋糕分成完全一样的两份——不但一样重，形状也要相同，而且分出来的形状必须全部由曲线组成，不准有直线段，那我就再奖励你一份礼物。”聪聪盯着蛋糕看了半天也不敢动手。你能帮帮他吗？

202

鸡蛋不破

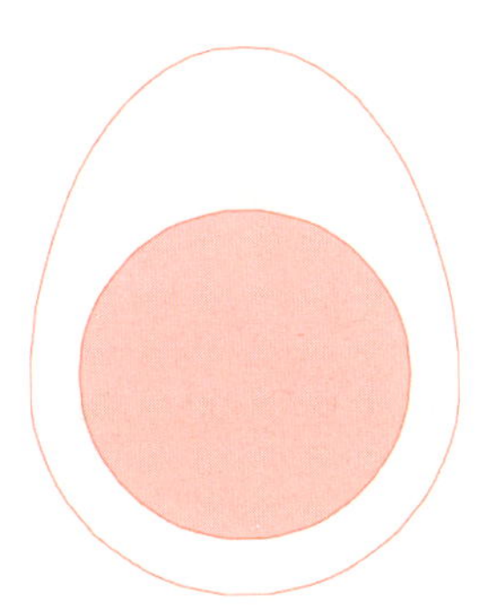

你拿一个生鸡蛋，让它自由下落。在地上没有任何铺垫物的情况下，你能够使鸡蛋下落1米而不破吗？

203

分辨生熟鸡蛋

小力不小心把煮熟的鸡蛋与生鸡蛋混放在一起了。从外边又看不出来有什么区别，打开吧，如果是生鸡蛋那就把鸡蛋弄坏了。你能想出办法，不打开鸡蛋就把生鸡蛋和熟鸡蛋区分开吗？

204

古铜镜的疑问

张老先生喜欢收藏一些古玩意，他没事的时候就到旧货市场上转转。这天，他看到一位年轻人拿着一面古铜镜在市场上叫卖，镜子上铸有“公元前四十二年造”的字样，张老先生不用请专家就知道这面古铜镜是假的。你知道为什么吗？

205

谁在挨饿

动物园里有两只熊，雄熊每顿要吃30斤肉，雌熊每顿要吃20斤肉，幼熊每顿吃10斤肉。但每天饲养员只买回来20斤肉，那就意味着会有熊挨饿，对吗？

206

激发想象力

让你的朋友迅速做出反应，很快地说“白色”这个词15遍，在这个过程中，让他把“白色”与“母牛”联系起来。然后，让他不假思索地回答下一个问题“牛喝什么？”他的回答一定能让你大吃一惊。不信就试一试！

207

不礼貌的文明人

在一个以文明礼貌而著称的城市，有一个残疾人上了公交车后，却没有人让座。车上的每个人都是非常有礼貌的，并且他们也都非常反感不给“老弱病残孕”乘客让座的行为，可是，他们为什么不给这位残疾人让座呢？

208

哪一杯是水

两个杯里分别装有一种无色、无味、不能相互混合并且比重不同的液体，其中一种液体是水。请问：用什么方法才能把水辨别出来(不能亲自去尝，有可能是有毒的化学试剂)？

209

黑夜看报

在漆黑的夜里，有一个人在房间里看报纸，这时，突然停电了，屋里伸手不见五指。但那个人仍能继续读，一点儿也不受影响。这到底是怎么回事？

210

巧切西瓜

夏天的时候，爸爸从外面买来一个大西瓜，明明立即拿着刀说要他来切。爸爸则要求如果明明能切4刀把西瓜切成15块，就让他切。明明想了很久也没有想出来怎么切，看来这个西瓜只能由爸爸来切了。

亲爱的朋友，你能帮帮明明吗？

211

飞行员的姓名

你是从上海飞往深圳的一架飞机上的飞行员。上海距离深圳比较远，飞机以每小时900公里的时速飞行，要飞1小时40分钟左右。有一次，由于天气原因，这架飞机中途做了一段时间的停留。请问这位飞行员的名字叫什么？

212

最先到达的地方

哥伦布冒险航海绕地球时，最先到达的地方是现在的哪里？

A.不知道

B.美国东北部

C.中美洲群岛

D.巴西

E.非洲好望角

213

奇怪的外国人

有一个人到外国去了，可是他周围的人都是中国人，这是什么原因？

214

翻硬币

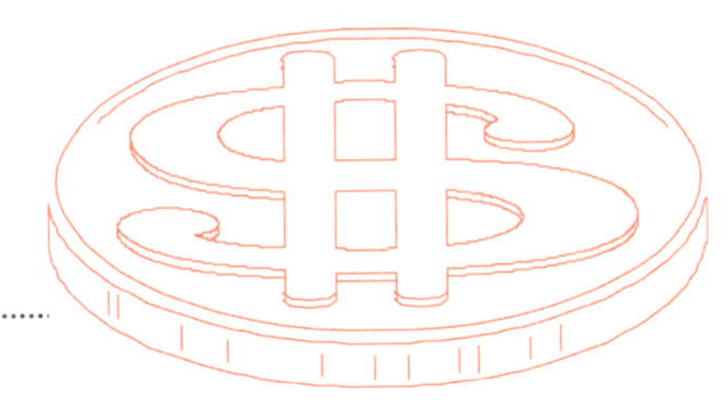

桌上放有5枚币值朝上的硬币，如果每次只准翻动2枚硬币，问翻动几次，可使这5枚硬币的另一面都朝上。

215

火柴棒难题

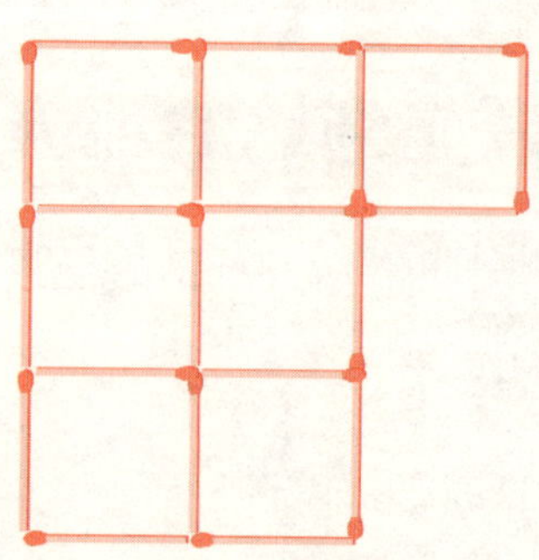

妈妈最喜欢用火柴棒来考佳佳。有一天，妈妈在桌上用火柴棒摆了这样一个图形（如右图），要求佳佳只能动3根火柴棒把右面的7个正方形变成5个正方形。佳佳想了半天也没有想出来，你知道应该怎么做吗？

216

摔不伤的人

有一个人从20层大楼的窗户上往地面跳，虽然地面没有任何铺垫物，可是他落地后却没有摔伤。这是怎么回事？

217

还有几条活蚯蚓

汤姆钓鱼时喜欢用蚯蚓当鱼饵。这天，他共抓了5条蚯蚓，后来分鱼饵时把其中2条蚯蚓切成了2段。这时，汤姆还有几条活蚯蚓？

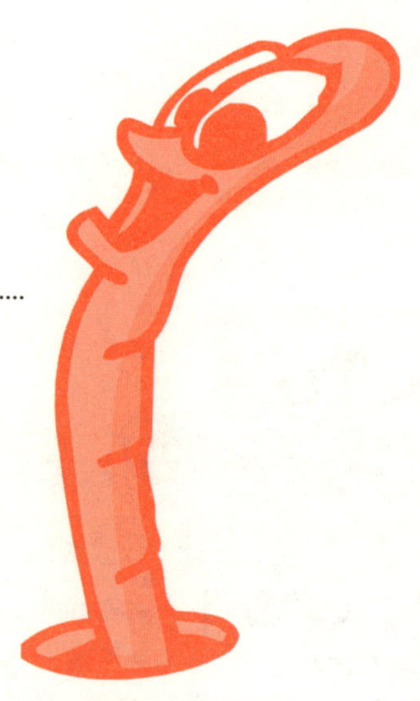

218

走进森林

一个探险家在前进的途中遇到一片广袤的森林。请问他最多能走进森林多远?

219

到底是星期几

如果今天的前5天是星期六的前3天，那么后天是星期几?你能算出来吗?

220

找错医生

有一天，路路感冒了，他走进内科门诊去找内科大夫看病，精神科医生却从里边拿着药出来了。这究竟是出什么问题了呢?

221

快速反应

如果圆形是1，那么八边形是多少？

222

瓶底的饮料

满满一瓶饮料，怎样才能先喝到瓶底的饮料呢？

223

油漆的颜色

杰克想把花园里的篱笆涂上黄色的油漆，但是家里只有红、绿、蓝3种颜色的油漆，他应该怎么做呢？

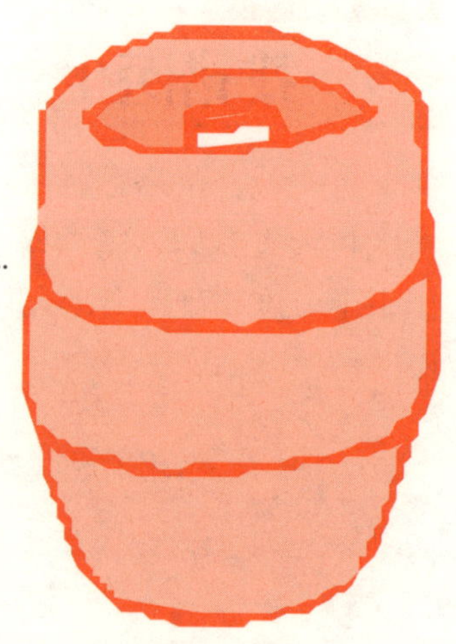

224

烤饼

有一种烤锅一次只能烤两张饼，烤一面所需要的时间是1分钟。你能在3分钟的时间里烤好3张饼吗？

注意：饼的两面都需要烤。

225

最后的赢家

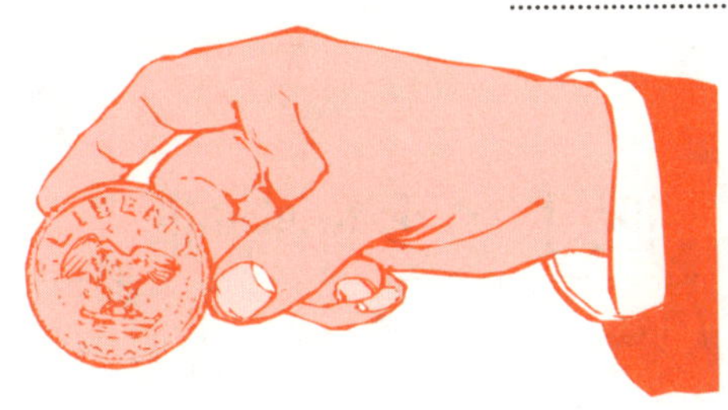

有一张正方形的桌子，两个人先后在桌子上放置同样大小的硬币。谁能在桌子上放最后一枚硬币谁就是赢家。如果让你先放，怎样做才能保证你一定能赢呢？(硬币不能叠放)

如果把桌子换成长方形、菱形、圆形或者正六边形呢？

226

有多少水

有一个圆柱形的水桶，里面盛了一些水。林林看了说，桶里的水不到半桶；可可则说桶里的水要多于半桶。现在要求不使用其他工具，你能想出办法判断他们俩谁对谁错吗？

227

冰上过河

一个寒冷的冬天，一支部队来到了松花江边上，可即使是冬天，松花江面还只是结了一层薄薄的只有五六厘米厚的冰，冰上面覆盖着一层雪。很明显这样踩在冰面上是很危险的，只有等到冰层达到七八厘米才会安全。大家正着急的时候，一位新来的士兵想出一条妙计。部队只等了一会儿，冰层的厚度就达到了8厘米以上。你知道他想出了一条什么妙计吗？

228

喝了多少杯咖啡

客人来到一家餐厅，要了一杯咖啡，当喝到一半时又兑满开水；又喝去一半时，再次兑满开水；又经过同样的两次兑水过程，咖啡最终喝完了。

请计算这位客人一共喝了多少杯咖啡？

229

两岁山

在某一个国家有一座高山，海拔为12365英尺。当地人根据这一数字，称它为“两岁山”。你能想到是什么原因吗？

230

点蜡烛计时间

房间里电灯突然熄灭—保险丝烧断了。弟弟点燃了备用的两支蜡烛，在烛光下继续看书，直到哥哥把保险丝换好。

第二天，哥哥需要确定昨晚断电共有多长时间。但弟弟当时没有注意断电的时间，也没有注意是什么时候来的电，也不知道蜡烛原来的长度。他只记得两支蜡烛是一样长，但粗细不同，其中粗的一支能用5个小时（全用完），细的一支4个小时用完。两支蜡烛都是经他点燃的新烛。他没找到蜡烛的剩余部分，因为哥哥把它们扔掉了。

231

发现蓝宝石

	1	1	1	3	1	2	1	3
1	→		↓					
3		→						
1				→				
1	↑		↗	→				
1	↗				↓			
2			↖					←
3	→				↗			
1	↗			→	↗			

在表格的每一行、每一列中，隐藏了若干宝石，其数量是表格边的数字。此外，在某些方格中标记了箭头符号，意思是：在箭头的前方藏有蓝宝石，当然在这个方向躲藏的蓝宝石可能不止一个。换句话说：每个箭头所指之处，至少能找到一个蓝宝石。请在表格中标出你所认为有蓝宝石的方格子，看你能找到多少个？

232

分衣服

有两位盲人，他们都各自买了两件黑衣服和两件白衣服，衣服的布料、大小完全相同。两位盲人不小心将4件衣服混在一起。他们怎样才能取回自己的衣服呢？

233 汽车过桥洞

一辆载满货物的汽车要通过一个立交桥的桥洞，但是汽车顶部比桥底要高1厘米，怎么也过不去。你能够想办法解决这个难题吗？

234 巧移乒乓球

可可与贝贝在打乒乓球的时候，乒乓球掉进一个干燥光滑的水杯里，这时可可想到一个办法：在不接触乒乓球、不碰撞杯子、不用其他任何工具的情况下，就把乒乓球弄了出来。你知道他是怎么做到的吗？

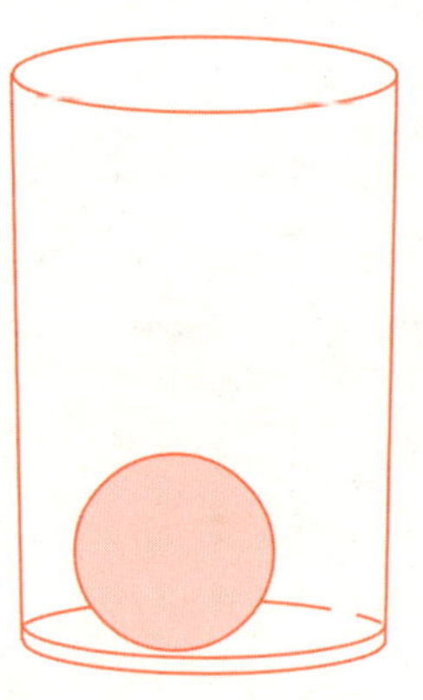

235 超重过桥

一辆汽车坏了，被另一辆汽车用钢索拖着前进。但在行进中，路遇一座桥梁。桥头的标志牌上写着：最大载重量30吨。然而，前面的汽车重20吨，后面的坏汽车重15吨，明显超过了桥的载重量。你能想办法帮他们通过这座桥吗？

236

美丽的伪证

夏日的早晨，一家大型超市的出纳上班时发现保险箱被撬了，共失窃价值25万元的财物。警方在箱体上发现了罪犯留下的指纹，并确定作案时间是凌晨2至4点。经过调查，给超市送货的食品公司货车司机的指纹与现场作案指纹相符。

警方传讯了司机，可司机却说这段时间他正在家中拍摄牵牛花开花的过程，并拿出了拍摄照片。审讯陷入僵局。

迷惘的刑警来到植物研究所，请教了专家，证实牵牛花确实是在夏日早晨开放。而且经对比，确认拍摄的照片就是司机家中的盆花。

这就怪了，指纹是不可能相同的。

那么司机究竟是不是盗窃犯呢？如果是，那他又是采取什么办法分身的呢？

237

乘车

皮皮乘上一辆公共汽车，他发现车上买票的人（包括皮皮在内）只占了车上人的三分之一，可一直将汽车开到终点，司机和售票员却没有向另外三分之二的人索要车票。你知道这是为什么？

238

匪夷所思

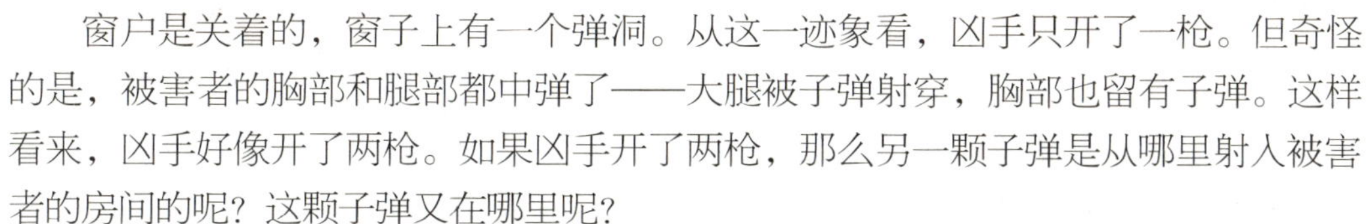

一天晚上，住在某旅馆里的一位空姐被人枪杀。

凶手是从30米外对面的屋顶用无声手枪射中她的。

窗户是关着的，窗子上有一个弹洞。从这一迹象看，凶手只开了一枪。但奇怪的是，被害者的胸部和腿部都中弹了——大腿被子弹射穿，胸部也留有子弹。这样看来，凶手好像开了两枪。如果凶手开了两枪，那么另一颗子弹是从哪里射入被害者的房间的呢？这颗子弹又在哪里呢？

大家无法回答，于是去请教大胡子探长，他肯定地回答：中了一枪。

大胡子探长为什么这样说呢？

239

旋转的圆圈

三个圆圈每分钟分别转3圈、4圈、5圈。从现在这个状态开始，多少分钟后，可以组成完整的三角形？

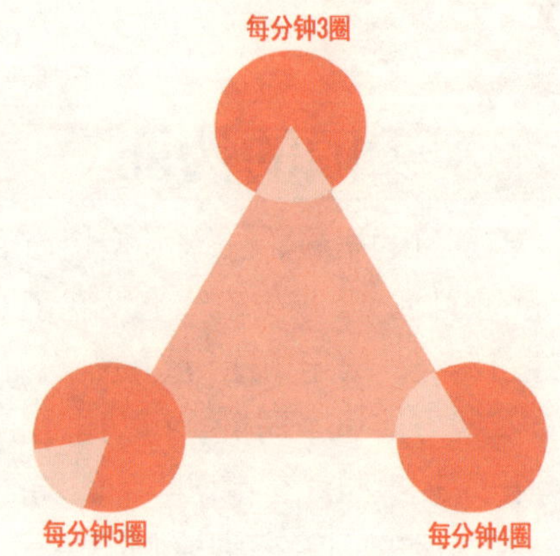

240

奇怪的量尺

左图是一把12cm的小尺子，它少了一半刻度，但同样可以量出1至12cm之间的长度。你能设计一把同样量出1到12cm之间长度的小尺子，用最少刻度的6cm尺子吗？

241

没有这个门牌

某公司老板的儿子被绑架，对方要求拿10万美元来交换。绑匪在电话中说：“你把钱包好，用普通邮件在明天上午寄出，我的地址是……”

老板马上报了案。为了不打草惊蛇，警察化装来到罪犯所说的地址。可奇怪的是，这儿有地区名、街名，却没有罪犯说的门牌和收件人。

警察经过研究，马上确定了嫌疑犯，并很快找到证据，将其抓获，救出了人质。

这个绑匪是什么人呢？

242

老学者与小孩

一个大名鼎鼎的老学者，居住的小屋旁边有一个池塘，因此想到一个奇怪的问题：这池塘里共有几桶水？这个问题问得稀奇古怪。几桶水？就像一座山有多少斤重一样，谁答得准确？学者的弟子都是出了名的年轻学者，但没有一个能答上来。老学者很不高兴，便说：“你们回去考虑三天。”

三天过去了，弟子中仍无人能解答得出这个问题。老学者觉得很扫兴，干脆写了一张布告，声明谁能回答这个问题，就收谁做弟子，——免得有人说他的弟子都是一帮庸才。

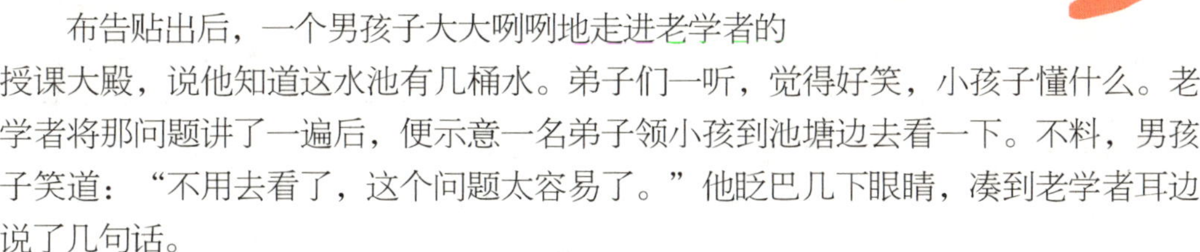

布告贴出后，一个男孩子大大咧咧地走进老学者的授课大殿，说他知道这水池有几桶水。弟子们一听，觉得好笑，小孩子懂什么。老学者将那问题讲了一遍后，便示意一名弟子领小孩到池塘边去看一下。不料，男孩子笑道：“不用去看了，这个问题太容易了。”他眨巴几下眼睛，凑到老学者耳边说了几句话。

老学者听得连连点头，露出了赞许的笑容。

那么你能说得出有几桶水吗？

243

图形对比（1）

如图的四张剪纸，哪一个展开后能够形成一个大环形？

1 

2 

3 

4 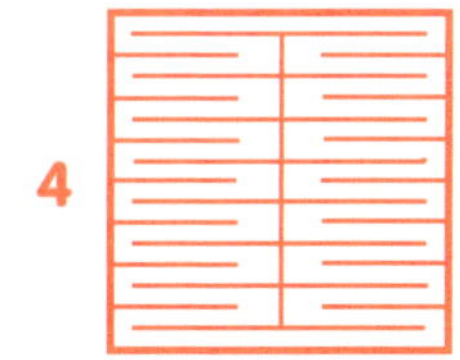

244

提示猜想题

我说五句话，你能找出我说的是什么吗？

A 用中文表达是5个字。

B 地理名词。

C 900万平方公里。

D 三毛。

E 干草原、沙丘、矿质荒漠。

现在知道了吗？

245

怎样架桥

A、B两地在有一条宽10米河的两岸，两地的水平距离为200米。如何在河上架一座桥，使从A地到B地的距离最短，并且桥不能是从A到B的斜桥呢？希望你能发挥你最大的想象力，你想象得到的都有可能。

第五章

提升观察力的游戏

246

最高的人

仔细看下图，3个人中，最高的是哪一位？

247

作业难题

数学课上，老师开始布置课堂作业，他说：“请同学们把课本翻到35页和36页之间，完成那页上的几道练习题。”

班上学习最好的约翰听了以后，连题都没有看，就对老师说：“您布置的作业根本就没有办法完成。”

你知道怎么回事吗？

248

房子朝向

移动一根火柴，使图中房子的朝向与原来的方向正好相反。

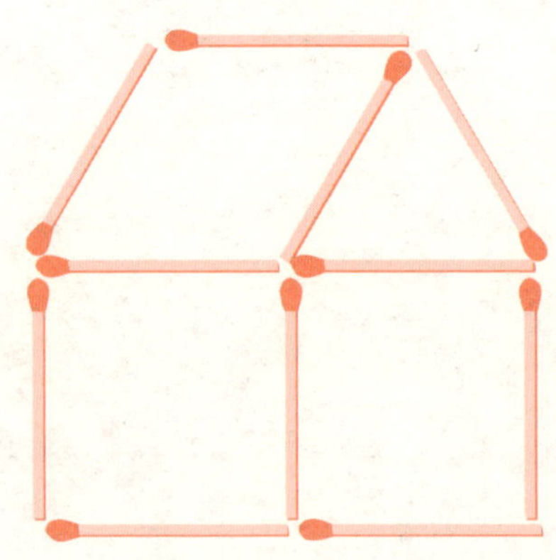

249

不成立的等式

下面的不等式是由14根火柴组成的。请你只移动其中一根火柴，使不等式成为等式。

74－4＝4

250

流动的竖线

在下面这些流动的竖线中，你能找出最长的一条吗?

251

找关系

下面3组数字中，每一组数字都有一个相同的条件。你能猜出这3组数字间有何种关系吗?

252

一笔画图

下面这6幅图有一些是可以一笔画出来的，有一些是不能一笔画出来的。你能判断哪些图能一笔画出来，哪些图不能一笔画出来？要求是不能重复已画的路线。

1 2 3

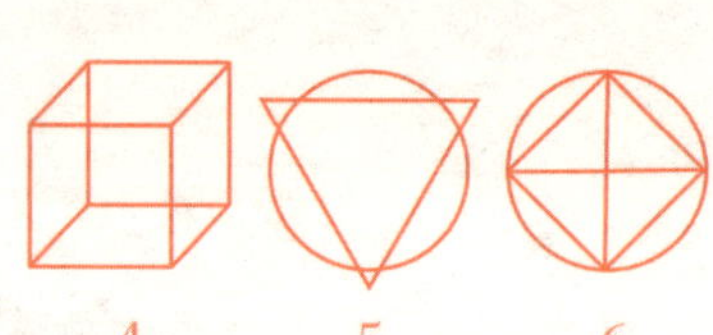

4 5 6

253

拼积木

这5块积木可以组成汉字“上”，你知道应该怎么拼吗？

254

黑度的区别

左边的圆和右边的圆的黑度是一样的吗？

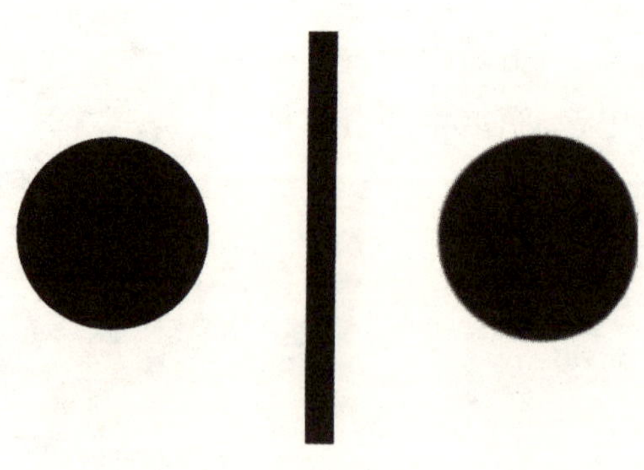

255

立方体谜题

同一种图案不可能在两个以上的立方体表面上同时出现。看一看，下面哪个图不属于同一个立方体？

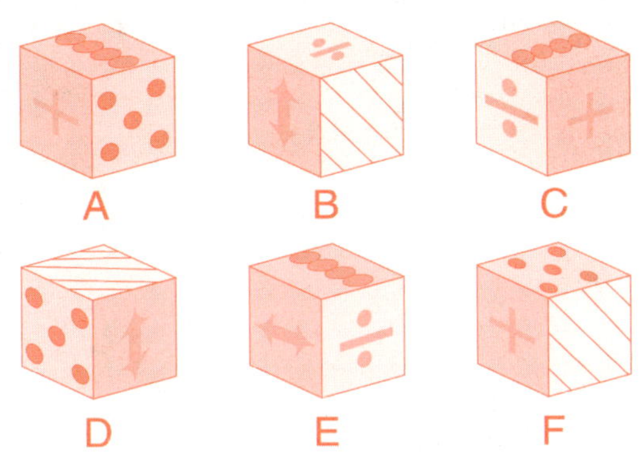

256

不交叉的路线

如何画出A到a、B到b、C到c、D到d的路线，使这些路线没有相互交叉点？

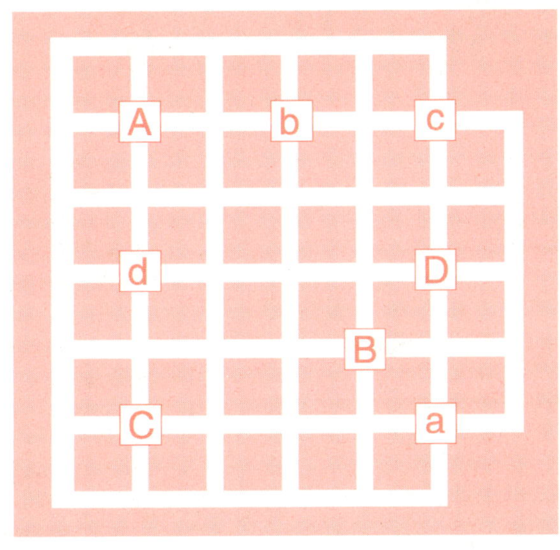

257

微笑的女人

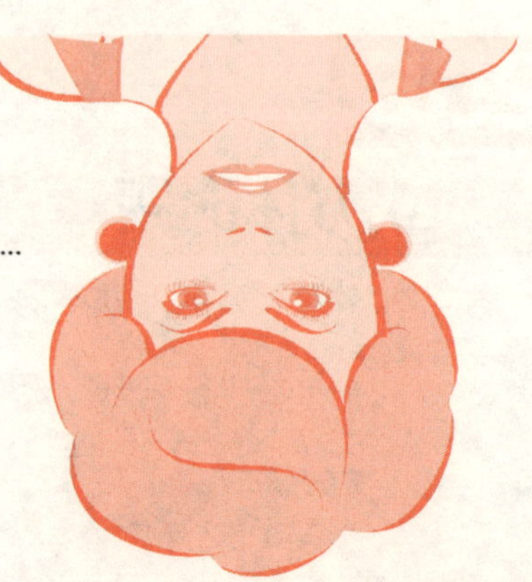

花几秒钟看看这张微笑女人的脸，然后再把书上下翻转，你就会有惊人的发现。请指出图中两处错误各是什么？

258

谁不一样

下面5种物品中，有哪一种与其他4种物品不一样？

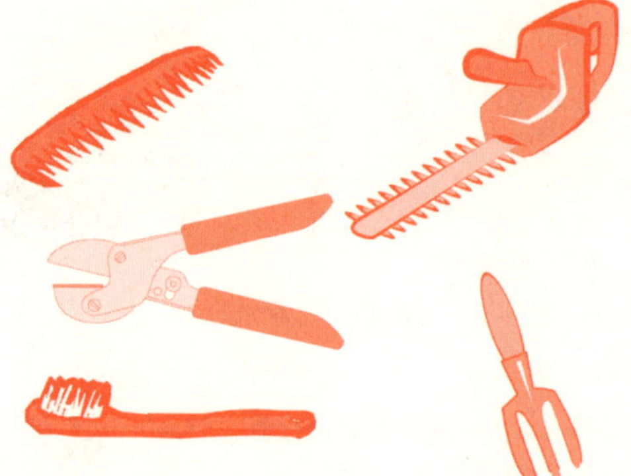

259

残缺变完整

用两条直线把下面这个残缺的正方形切成3块，使这3块能重新拼成一个正方形。

260

解开绳子

一帮歹徒把大侦探柯南和他助手的双手绑在一起后（如图）就离开了。歹徒们以为柯南是逃脱不掉的，但聪明的柯南没有利用任何工具毫不费力就解开了绳子，摆脱了困境。你知道他是怎样解开绳子的吗？

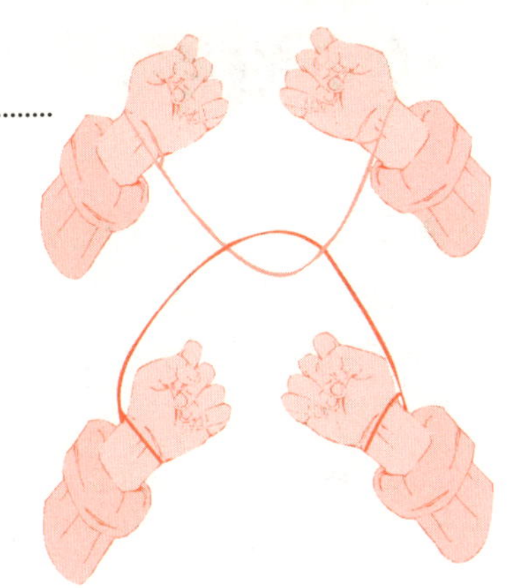

261

反方向运动的猪和鱼

请你动最少的火柴，分别满足以下的要求：

① 让猪往反方向走。

② 让鱼往反方向游。

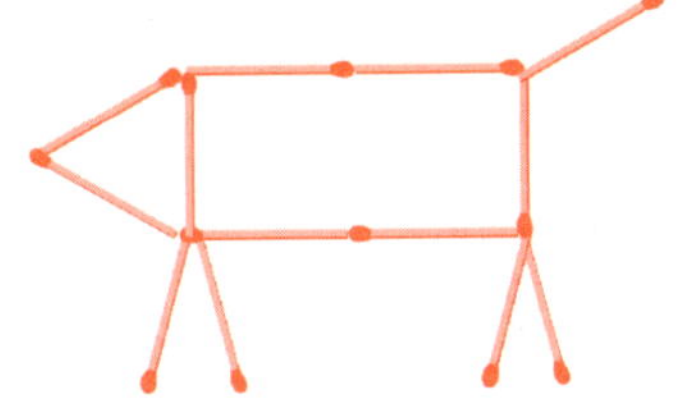

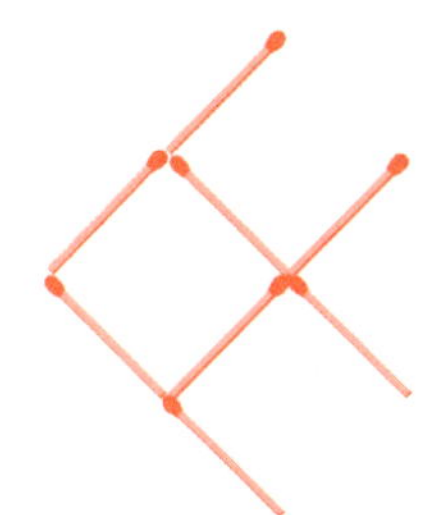

262

三分土地

美国有一个农场主，家里有一块地，形状如右图。他有3个儿子，儿子长大后，农场主决定把地分成3份给3个儿子。要求不仅面积一样大，形状也得相同。你知道需要增加几根火柴才能按要求摆出分地示意图吗？

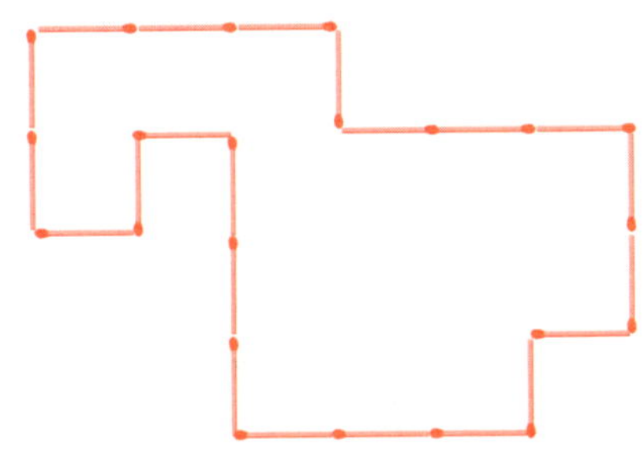

263

贪心的老鼠

每间房里都有一块点心。一只贪心的老鼠想一次吃完所有的点心后，从A门出来。请问老鼠从1～8中的哪扇门进去，才不走重复路线（每间房只允许进出各一次，并且不许从同一扇门进出）？帮老鼠想一想该怎么走？

提示：从唯一的出口A门倒着向前寻找路线，这样成功率就大一点。

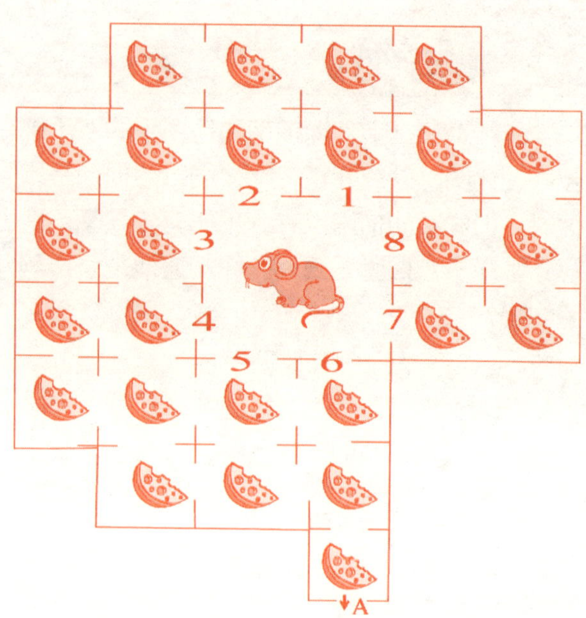

264

密函解密

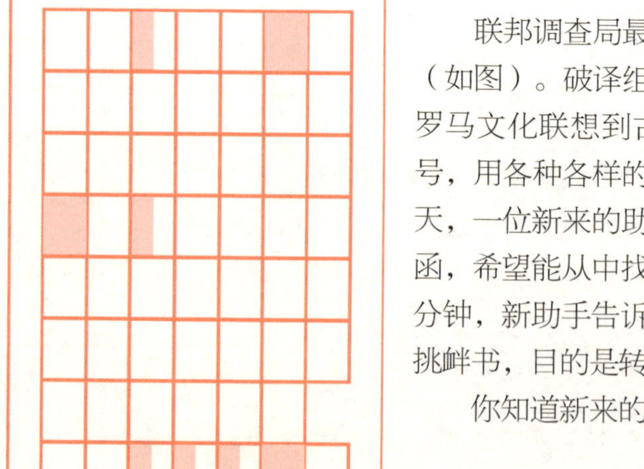

联邦调查局最近接到一份恐怖分子发来的密函（如图）。破译组的成员连夜对其进行解密，从古罗马文化联想到古巴比伦文化，再到古埃及的符号，用各种各样的方法和假设都没能解开谜底。一天，一位新来的助手得知此事后，随手拿起这份密函，希望能从中找出一点蛛丝马迹。果然，不到一分钟，新助手告诉大家：这是一份类似于恶作剧的挑衅书，目的是转移联邦调查局的视线。

你知道新来的助手发现了什么秘密吗？

265

平分遗产

一位老财主生有4个儿子，他临死前，什么遗产都没有留下，除了一块正方形的土地。土地上面有4棵每年都会结果的苹果树，树与树之间的距离是相等的，从土地的中心到一边排成一排。老财主把这个难题交给4个儿子，要求最聪明的儿子来把土地和果树平均分配，可是没有一个儿子能解答。你知道该怎么分吗？

266

不和谐的邻居们

有3户人家合住在同一个小院里（如图所示），但他们总是吵架，住得都很不开心。住在大房子的主人最先采取措施来改变这种状态——从他家的门口到图中下方修了一条封闭式的小路。住在右边房子里的主人也不甘示弱，他修了一条路，通到左边的大门。最后，住在左边房子的主人也修了一条路，通到右边的大门。但令人惊奇的是，这几条路都互不相交。你能正确地画出这3条路吗？

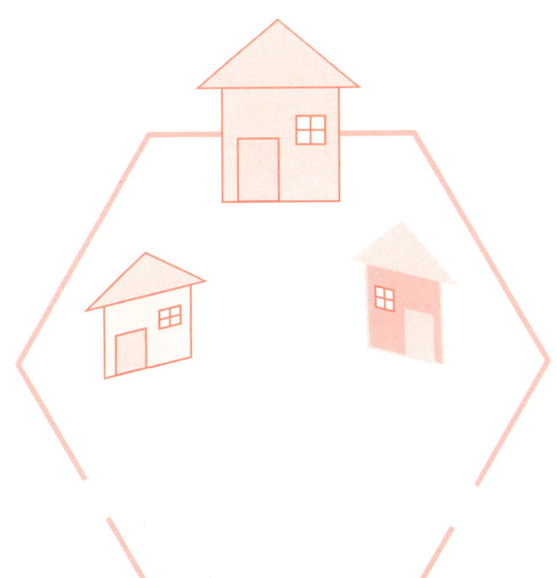

267

考考你自己

如下图所示，你知道表格中的问号应填入什么数字吗？

A	B	C	D	E
6	2	0	4	6
7	2	1	6	8
5	4	2	3	7
8	2	?	7	?

268

划分区域

请尝试将下面方格划分为6个完全相同的部分。要求划分后的每个部分中，所有数字之和必须等于17。

7	1	4	4	4	3
3	5	5	3	5	2
5	5	1	3	5	0
1	4	3	2	0	5
3	0	4	5	6	4

269

巧手剪纸

张大妈有一双灵巧的手，她最喜欢的是剪希腊十字架。但她剪的十字架和别人不一样，只需一张正方形的纸，用剪刀把它剪成5块，就做成了一个希腊十字架。你知道张大妈是如何剪的吗？

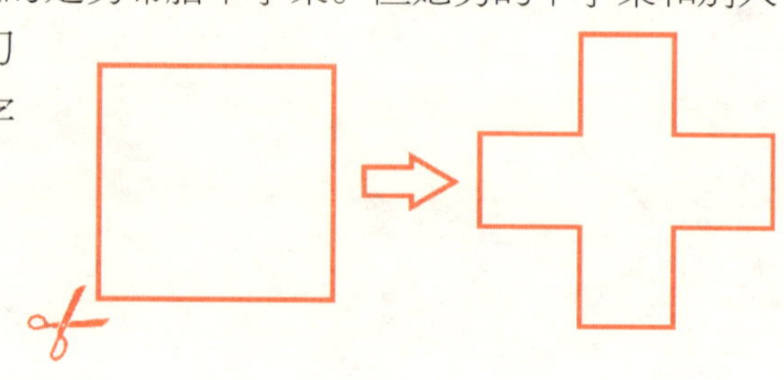

270

看不见的圆点

这是世界上最简单的问题。这个问题只要用一双眼睛就可以办到。

不要用手和任何工具，请让这页上的圆点消失，但三角不能消失，不能用纸遮住或者用涂改液涂掉。

271

奇妙的莫比斯环

拿出一张长纸条，将其中一端翻转之后，再把两端连接固定，形成1次的纸环，即莫比斯环(如图1)。莫比斯环最妙的不是如何形成，而是在不断的剪切中，它的无穷变化令无数的人倾倒。

先把转折1次的纸环沿着宽度1/2处剪开（如图中的虚线），这样会形成一个两倍长度、转折2次的纸环(如图2)。接下来把转折1次的纸环从宽度为1/3处剪开成三等份后，会出现什么情况呢？请先仔细思考，然后再自己实践。

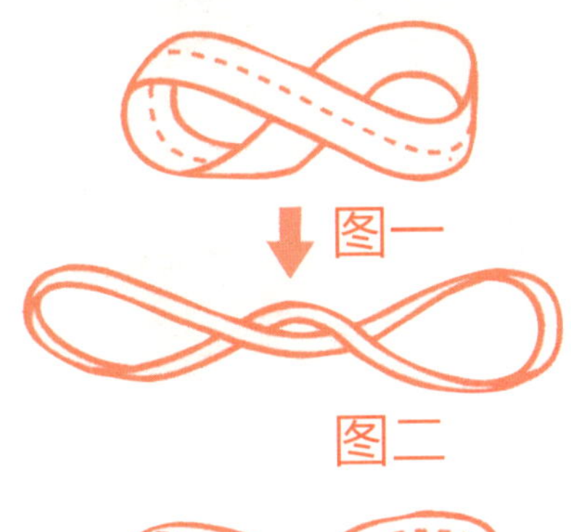

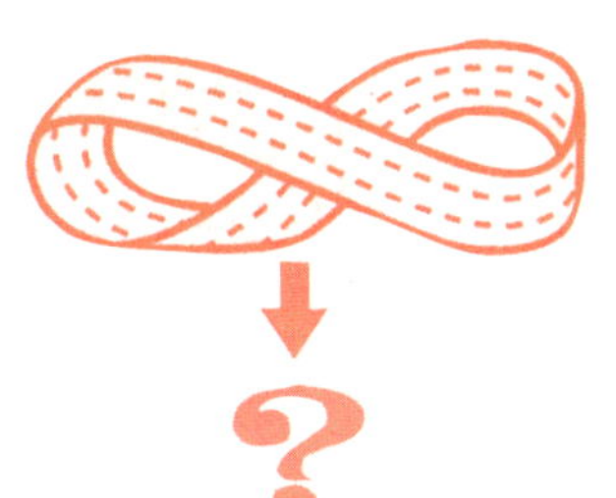

272

错在哪里

在本页中有一个很明显的错误，细心的你能够找出来吗？

7+2−1=8

8乘以3再减去3等于21。

5除以1/4等于20。

“大”字是由三画组成的。

273

和值最大

请在下图中画一条直线，使得直线所经过的格子和值最大。

8	1	6
3	5	7
4	9	2

274

一笔勾图

下面3个图，你能一笔勾出几个？

275

观点不同

两位数学老师相对坐在办公室看同一个等式，她们为了其中的一道题目争得面红耳赤，其中一个说：“这个等式是正确的。”“不，这完全是错误的。”另一个说。

请问：她们看的是一个什么式子呢？

276

测试你的观察力

仔细看右表，试将其填写完整。

277

歪博士的考题

歪博士最近闲得无聊，就出了这样一道题目来考考周围的人：这是5×5排列（即横竖都是5颗棋子）的棋子阵，一共25颗棋子。现在再加5颗，一共30颗棋子，能不能使这个方阵变成横行、竖行、对角都是6颗棋子呢？

278

填数字

如图所示，想想问号处该填入什么数字？

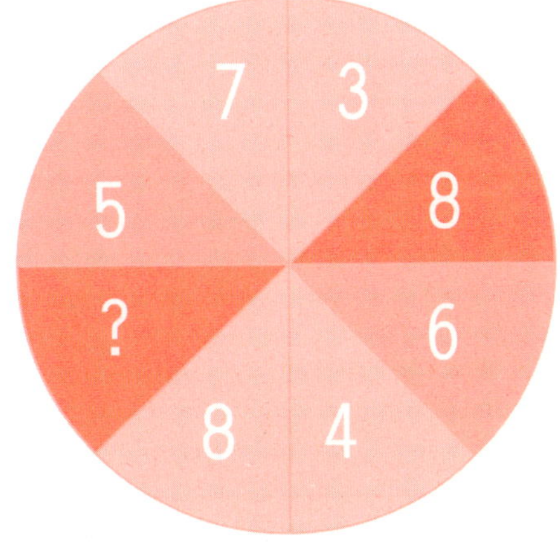

279

钻石的颗数

从前，有一个贵妇人的脖子上挂着一个特别大的钻石项链。这条项链的挂坠上镶有25颗呈十字架排列的钻石。拥有这件无价之宝的贵妇人平日里最喜欢清点十字架上的钻石，她无论是从上往下数，还是从左往上数或者从右向上数，答案都是13。但是，无意间贵妇人的这三种数法被工匠师知道了。当贵妇人拿着被工匠师修理好的挂坠，当面清点完回家后，工匠师正看着手里从挂坠上取下的钻石偷偷乐。

你知道工匠师在哪个地方动了手脚吗？

280

多少个正方形

阿拉伯国家的人喜欢戴头巾，他们的头巾各式各样，十分好看。左面这块带刺绣的正方形的头巾是由很多个小正方形组成的。你能数出头巾中共有多少个正方形吗？

281

该涂黑哪个

下图是由10个方框组成的一个大三角形。现在请你把其中的4个方框涂黑，使得没有任何地方能构成等边三角形。你知道该涂哪4个？

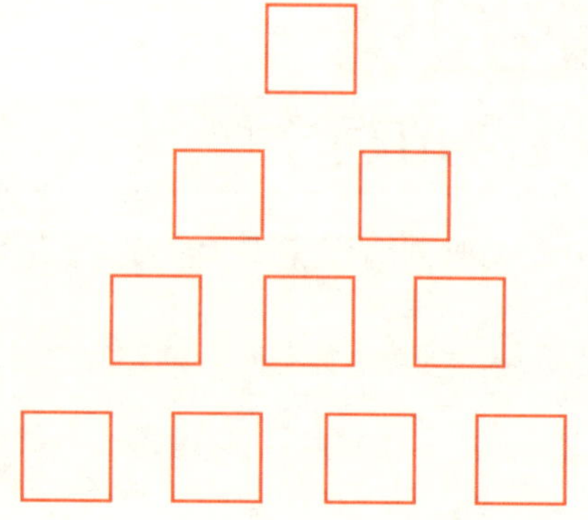

282

公平分配

兄弟4人继承了老财主的遗产，遗产共有如图所示的土地、4棵果树和4所房子。遗嘱上注明要公平分配。请问：怎么分才能让4位兄弟每人都分到相同面积的土地，并且每人都有一所房子和一棵果树？

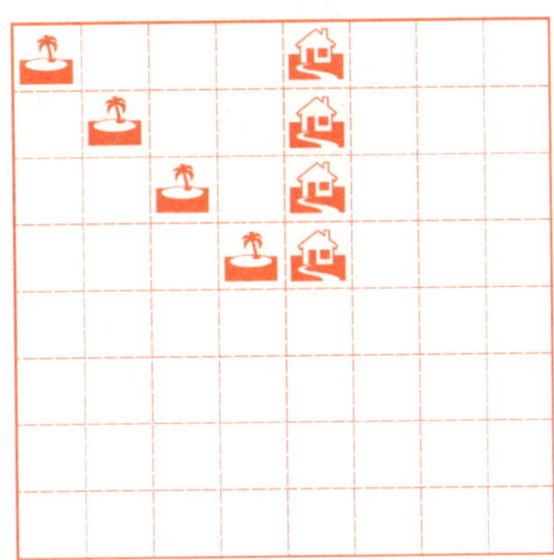

283

14个正三角形

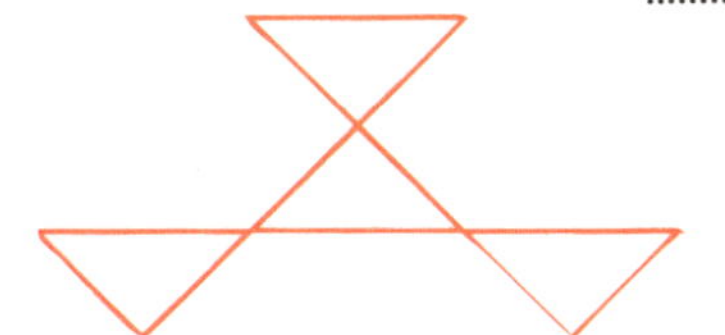

如左图，有4个正三角形，你能否再添加一个正三角形，使之变成14个正三角形呢？

284

缺少的数字

仔细看右图，请填出缺少的数字。

285

围墙

左图是一个用35根火柴棒组成的围墙。请你在围墙内挪动4根火柴棒，拼成4个封闭的大小不一的正方形。

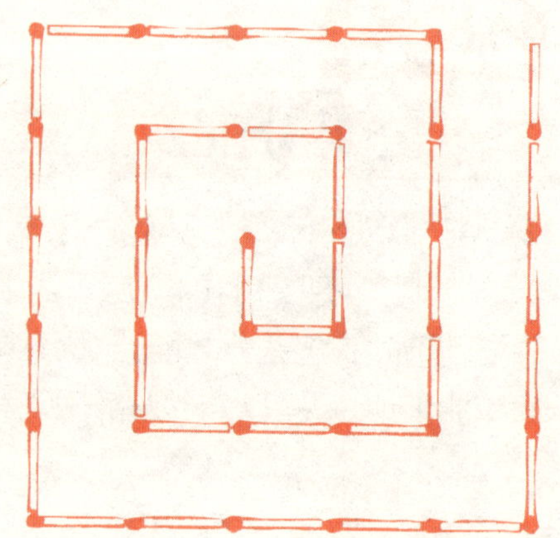

286

奇形怪状的木板

丁丁家有一块奇形怪状的木板（如图）。一天，爸爸想让丁丁把它拼成一个正方形，前提是只能锯两次。丁丁看了半天也不敢动手，你能帮帮丁丁吗？

287

走围城

请将以下条件分析清楚，找到正确的出路。起点和终点都是用→来表示的。

① 在各行(横着排列的)必须通过的房间的总数量，根据该行左边正对着的数字来确定；在各列（竖着排列的）必须通过的房间的总数量，根据该列上边正对着的数字来确定，要求刚好能满足这些数字来走完路途。

② 曾经走过的房间不能再重复通过，而且，不能在同一个房间里折返（走U字形）。

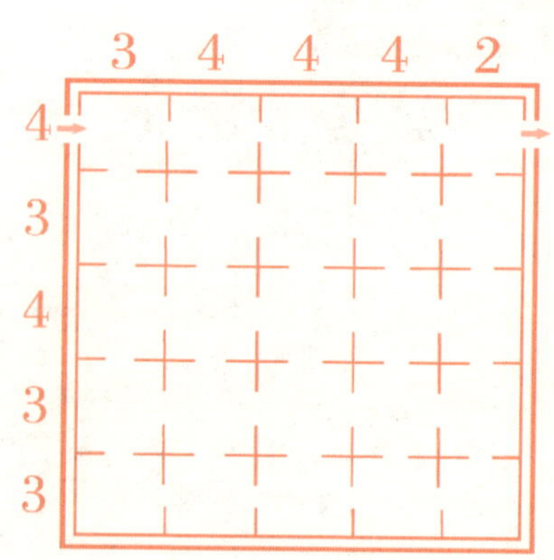

288

数学天才的难题

杜登尼是一位数学天才，这是他所提出的一个非常难解的七边形谜题。请在右图中填入1到14的数字（不能重复），使得每边的三个数之和等于26。

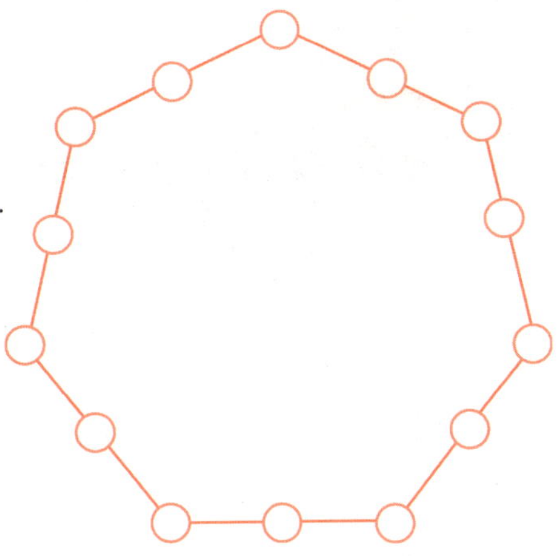

289

复杂的表格

仔细看表格，然后说出表格中的问号该填什么数。

2	9	6	24
6	7	5	47
5	6	3	33
3	7	5	?

290

2变8

不准把火柴折断，用两根火柴拼出8个三角形。想想该怎么做？

291

裂开的钟表

有一只猫非常顽皮，爬到桌子上把挂钟摔成了两半，两个半块钟表面上的数字之和恰巧相等。请问：钟表到底是从哪里裂开的呢？

292

找数字

在每一行、每一列，以及这个数字方块的2条对角线，都包含了1，2，3，4几个数字。在这个数字方块里，已经标示了部分数字。你能根据这一规则把方框填写完整吗？

293

考眼力

为了考验你的眼力，请仔细看左面这张图，想想看它是什么？

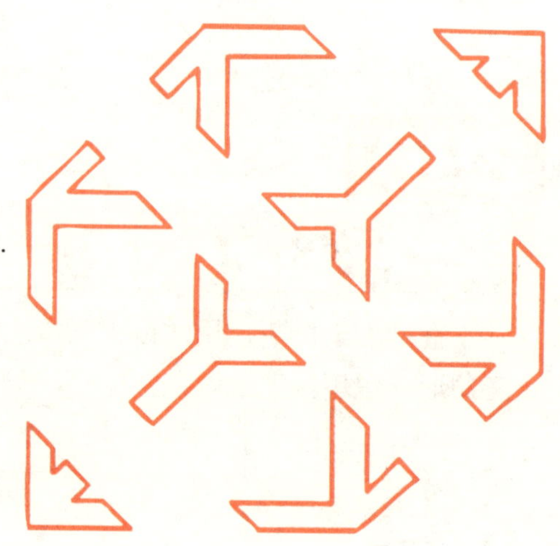

294

数字哑谜

这是一个数字的哑谜。请在右面打问号的地方填入适当的数，且用数字解释图中的图形分别代表什么数字？

□＋◇－▽＝6

▽－△＋□＝3

◇×□×▽＝140

◇＋▽＋□＝？

295

补充六线星形

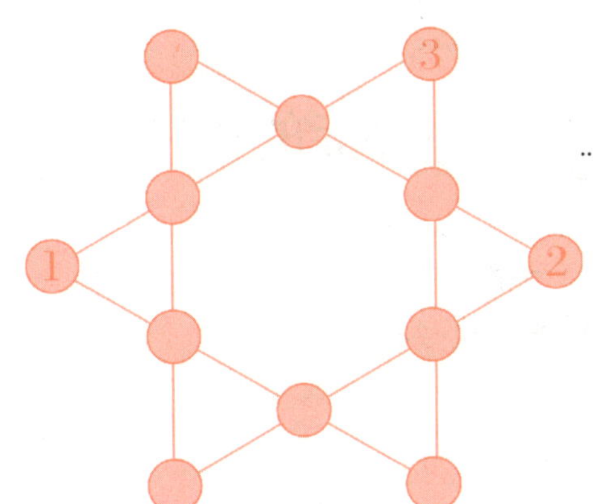

请在○里各填入一个从1到12的数字，使各个边上的○内的数字之和为26。但是，已经写入的数字不能移动。

296

找规律

下面是一组被打乱的数，在被打乱之前它们之间有一个非常有趣的规律。你试着找找看，然后按其规律重新把下面的数排列起来。

3 5 13 21 1 1 2 8

297

举一反三

根据范例，请在右图的问号处填入合适的数字。

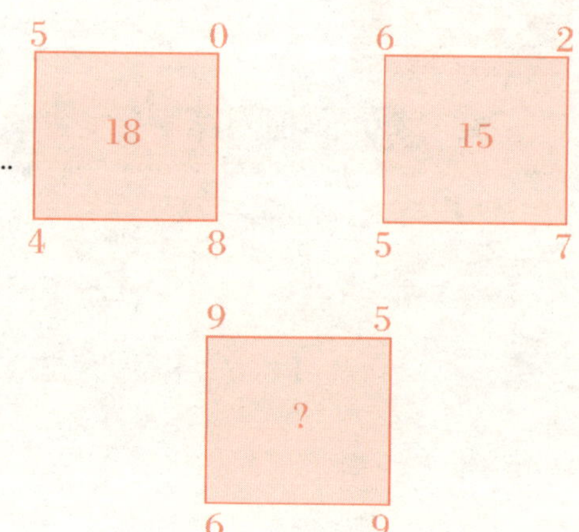

298

不可能的折纸

乍一看，把纸折叠成这种效果是不可能的。可是，如果你的脑子里有正确的思路，将纸折成这样的效果是轻而易举的。试试看，只允许把一张长方形的纸片剪开两处，不允许使用胶水和胶带，你能不能做到呢？

299

摆三角形

有3根木棒，分别长3厘米、5厘米、12厘米，在不折断任何一根木棒的情况下，你能够用这3根木棒摆成一个三角形吗？

300

正方形切角

一个正方形的桌面有4个角，切去一个角，还剩几个角？

不要过于轻率地认为这是一个简单的减法，仔细想一想，会有什么样的结果呢？

提示：有3种切法。

301

颠倒的影像

在照镜子时，你在镜子中的影像与你自己相比，左右颠倒了方向。比如你的左手，在镜子中就成了你的右手，而你的右手在镜子中则成了你的左手。由此看来，镜子中的影像是可以左右颠倒的。

但是如果你在镜子前面侧身躺下，你会发现镜子中的影像并没有左右颠倒，比如你头和脚的位置看上去依然与你躺下的实际方向是一致的。为什么又不会出现左右颠倒的情景呢？

302

错位

仔细看右图，观察她的眼睛错位了吗？

303

开环接金链

有四段3个环连着的金链，要设法将它们连成一个金链圈，至少要打开几个环？

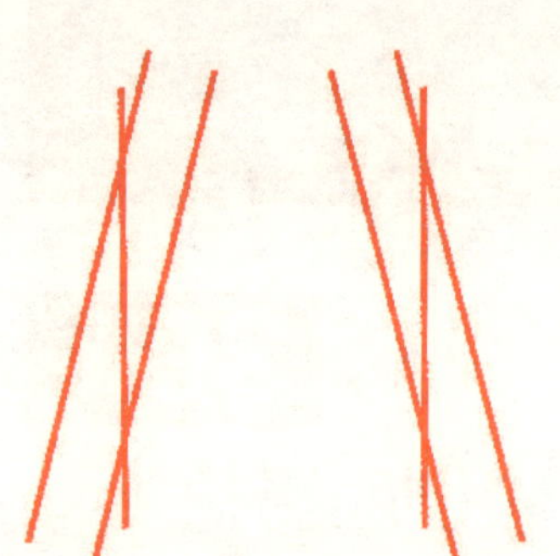

304

倾斜的线条

仔细看一看，左图中竖直的线条是倾斜的吗？

305

角度排序

不要使用量角器，下图中哪一个角最大？哪一个角最小？你能按从小到大的顺序排列一下吗？

306

大于3，小于4

用3根火柴摆出一个符号，要大于3，小于4。应该怎么摆？

307

巧划分(1)

请在右图中画3条直线，将图分割成6个部分，使每一部分中有1条鱼和1面小旗，并按顺序各有0～5个鼓和雷电，线条不必从一边画到相对的另一边。

308

巧划分(2)

请在左图中画4条直线，将图分割成8部分，使每一部分中有3只蜻蜓，并按次序各有1～8只蜜蜂。

309

按序结绳

小可有红、蓝、黄3根绳子。现在红、黄2根已经系好了一个绳结，在不许解开已经系好的绳结的前提下，你能否把蓝绳按红、蓝、黄的顺序系好呢?

310 聪慧的木匠

一位聪慧的木匠把两个积木切割成右图的形状。当然，反面也是同样的外观。

你知道这位木匠是怎么切割的吗？

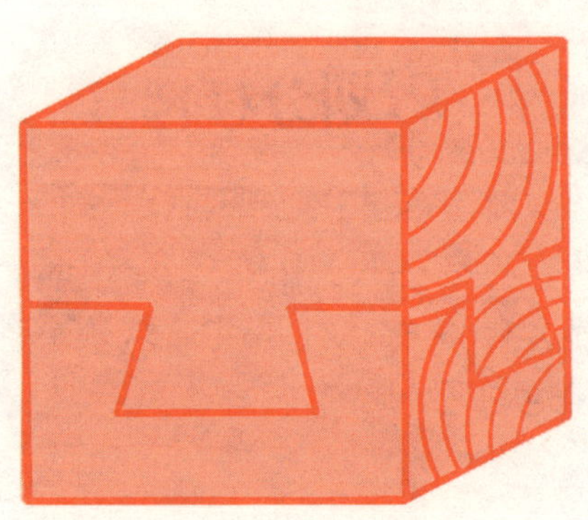

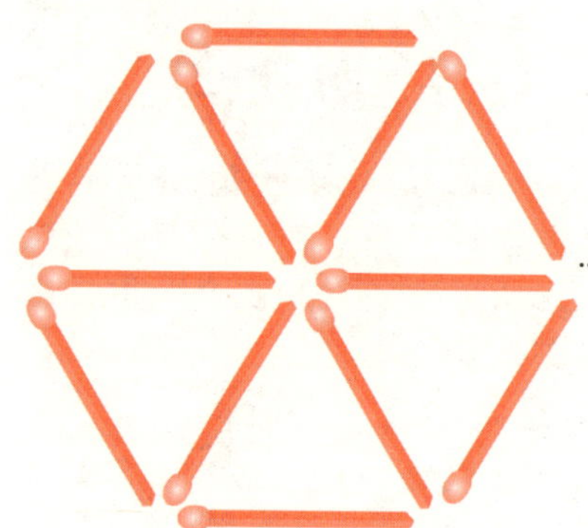

311 火柴变形

图中用12根火柴排成6个正三角形，每次移动2根，使图中的正三角形分别为5，4，3，2个。该如何去移动？

312 取代图形

仔细观察前面三幅图，然后思考可以取代问号位置的图形应是A、B、C、D中的哪一个？

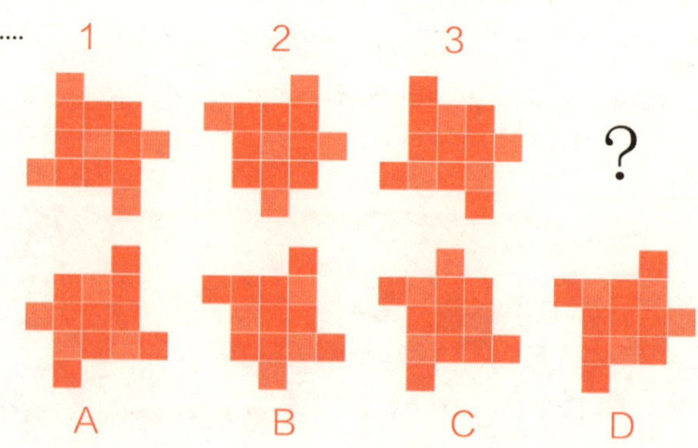

313

另类的字母

下列5个字母中哪一个是另类，最不像其余4个字母？

H	K	N	E	Z
(1)	(2)	(3)	(4)	(5)

314

不同的图

A、B、C、D 4个图中有一个与其他三个不相同，你能看得出来吗？

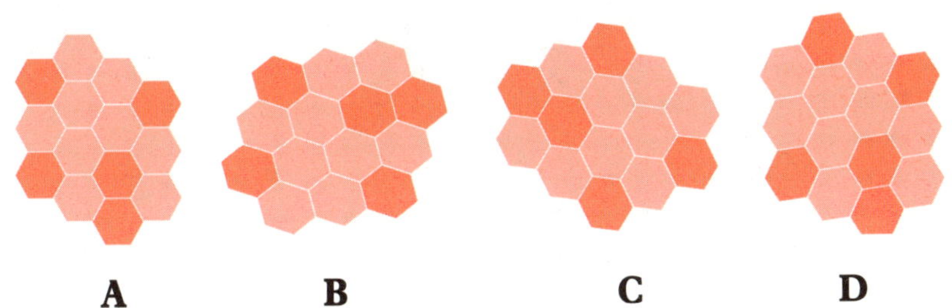

315

星星分3块

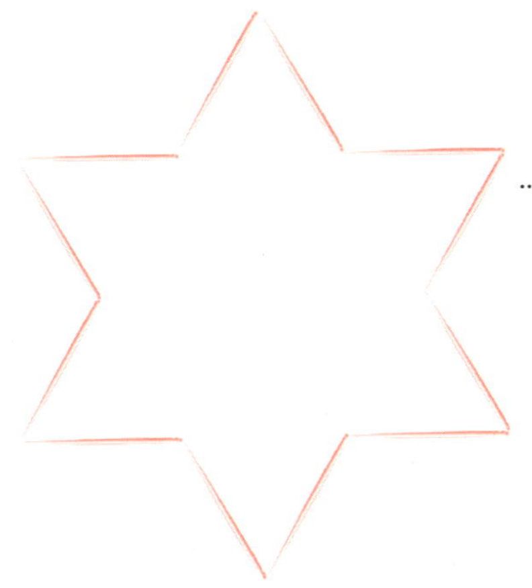

图中是用牙签拼起来的六角形的小星星，你再在上面加上3根牙签，把小星星分成形状和大小都一样的3块。你知道该加在哪儿吗？

316

图形对比（2）

观察下图中A、B、C、D的图形，找出一个与左图相符（旋转一定角度或方向）的图形。

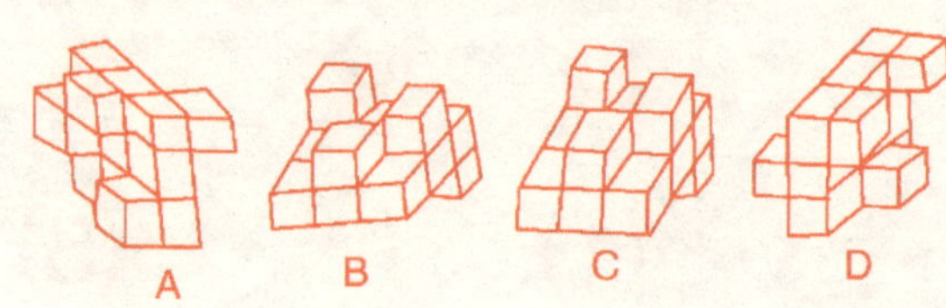

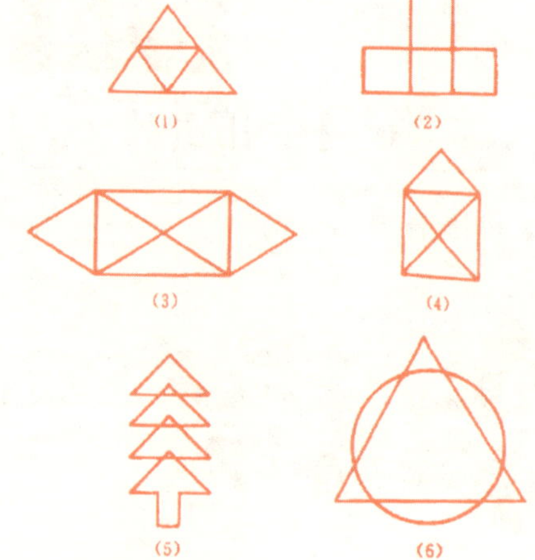

317

一笔画的难题

来看看这些图，每张图你都能一笔能画下来吗？要求：不许走重复路线，不许交叉。

318

茶壶迷宫

看看这幅图，茶水从茶壶的提手进入，经过茶壶肚子上的纹路，你能帮水找到茶壶肚子上的路线，从茶壶出口处出来吗？

319

女巫迷宫

看图中的迷宫，你能从女巫的帽子那里进去，躲过女巫身体内的花花肠子，从她头顶出来吗？

320

青蛙迷宫

这是一座青蛙迷宫，你能走得出来吗？

321

鸭子迷宫

看看这只鸭子迷宫，你能顺利地走出鸭子的“圈套”吗？

322

水牛迷宫

附近的农场走失了一头大水牛，它很不听话，只有破解了它身上的迷宫图，才能将它顺利地送回农场，你能办得到吗？

323

水盆迷宫

图中的这个水盆里画着一个迷宫，盆里的水要由开关处的入口进来经过迷宫再从底下的出口流出，你能在这个迷宫里找出水流所经过的路径吗？

324

球拍迷宫

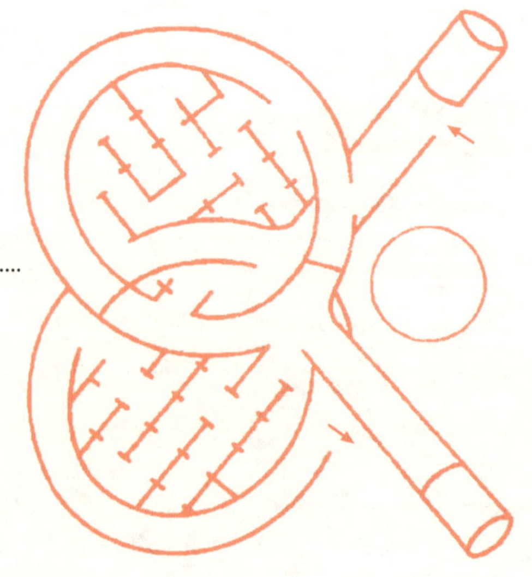

这是一个网球拍迷宫，谁能解出画在球拍上的迷宫，球拍就借给谁玩。你能做到吗？

325

小狗探险

小狗要到山洞里去探险，你知道它应该怎么走吗？

326

取鸡蛋

母鸡生蛋了，请你想一想，走哪条路才能取到鸡蛋呢？

327

迷路的兔子

小兔子到森林里去采蘑菇，从早上一直采到日落西山，森林里的小路弯弯曲曲的，小兔子迷路了。你能送它回家吗？

328

谁是大好人

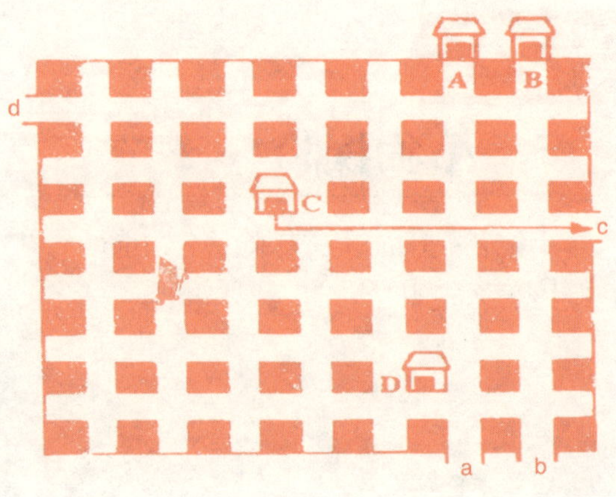

住在下面小区里的A、B、C、D里面有一个人是昨天在街上扶一位老人过马路的大好人（位置已在图中标出来了），现在知道他们昨天都出去过。A从家到了a地，B从家出来到了b处，C从家到了c，D从家里到了d。另外听居委会的大妈说，他们4个人昨天在街上谁都没有遇见谁，并且他们走过的路线也都各不相同。请你看看下面的迷宫图，帮老人的家属找出那位大好人吧。

329

教室的路线图

有三位老师，分别从甲、乙、丙三个出口走出了教室。但他们都没有经过同学们的正面。你知道他们是怎么走的吗？

330

上楼顶

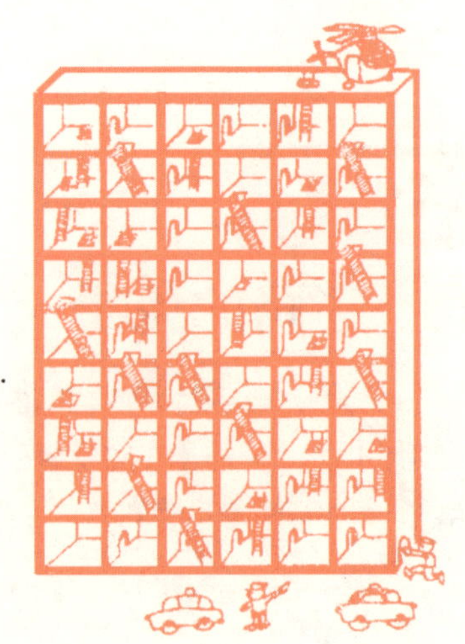

警方正在追捕逃向楼顶的盗贼，在楼内只能通过有门的墙壁，你能帮他们找出登楼路线吗？

331

瓢虫找朋友

来看这幅图，底下的那只瓢虫想见它顶上的朋友。为了达到顶部，它必须穿过标有字母序号的花丛。而每个序号的花各代表一个不同的方向，或上、或下、或左、或右。黑色区域是很深的坑，瓢虫必须避开。你能说出每种序号所代表的方向，并且找出瓢虫穿过花丛的必经之路吗？

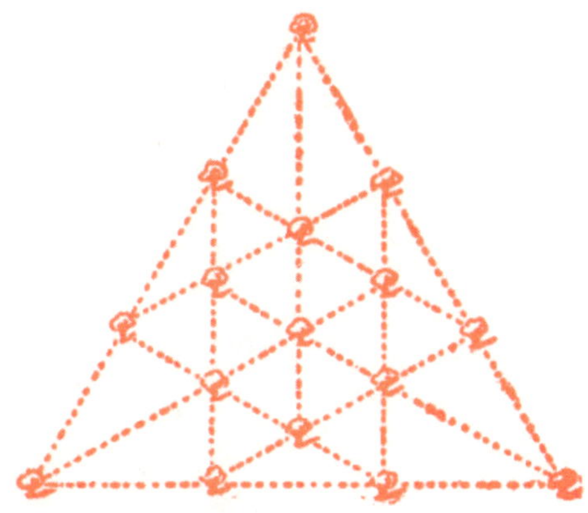

332

农夫的难题

有一个农夫种了16棵树，每4棵组成一条直线的话，一共是12条。如果让这16棵树每4棵组成一条直线，一共连成15条直线，你能做到吗？

333

国王画像

你能在一笔之内完成国王的肖像画吗？

334

营救公主

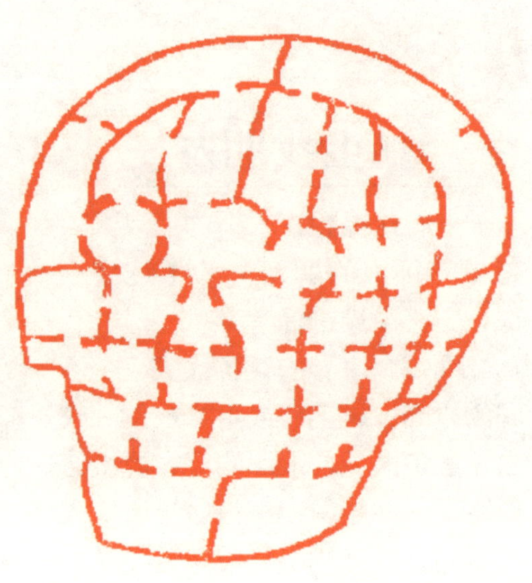

公主被敌人囚禁在一个骷髅型监狱里，王子要去营救公主。敌人给了王子一份监狱内35间囚室的示意图，并说："你如果从周边的囚室出发，每扇门都要经过一次，而且只能经过一次，最后一定会找到公主被囚的那间。如果你能找到，就可以救出公主，如果找不到，那就要一起被囚禁。"

王子应该怎么走，才能救出公主呢？

335

首饰盒的面积

有一个首饰盒，盒盖形状为标准的正方形，由几块木板和一条十英寸长、1/4英寸宽的金带镶嵌而成，盒盖的每块木板都是标准的正方形，但大小各不相同。你能算出盒盖的面积吗？

336

城镇路线图

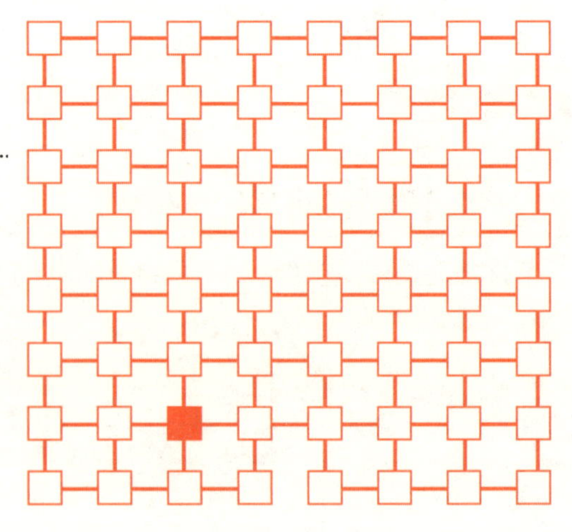

如平面图所示，每个方形代表途中必经的城镇，共有64座，而连接方形的这些线则代表着一条条的道路。你要从黑色的那个城镇出发，沿15条直线，走完所有的城镇，一个城镇只能走一次，你可以选择任意一个城镇作为终点。注意，最下面有两个城镇之间是没有路的。

337

十字形胸针

图中是一枚十字形的胸针，如果将这枚胸针切成四部分，重新组合形成一个标准正方形，你能做到吗?

338

切布料

图中的这块挂毯共有169个小方格。如何把这块挂毯剪成三块，而且三块之中有一块要尽量小，然后把三块拼接成一个正方形？注意，必须沿着方格的直线剪开，而且，由于挂毯的反正面不一样，所以也不能把布料翻转，但是一定要注意要让格子图案很好地吻合。

339

狮子和城堡

图中是一块正方形的布料，上面绣着狮子和城堡的优美图案。现在要把这块布分成同等大小的四块，每块上有一只狮子和一个城堡。请注意，不许剪过狮子和城堡的任何部分。

340

铺瓷砖

要铺一批瓷砖，这些瓷砖必须从四种不同的花形（十字形，鸢尾花形，狮子形，和星形）中进行选择；同时，白砖也是可以采用的。

这16块瓷砖应该这样铺：同一花色的两块不能在同一条线上（当然也包括垂直线和对角线上），并且，白砖要尽量少用。

341

黑夜走迷宫

在漆黑的夜晚，伸手不见五指，如何从迷宫的中心A处走到门口（B）出来？当然，如果有迷宫的平面图的话，就很容易找出路线了，但是在这样漆黑一团的情况下，怎样才能摸到通往出口的路呢？

342

拼棋盘

一个棋盘被摔成了十三块，如图所示。这样，一共是64个方格，正好是一个完整的棋盘。你能把这些碎片重新拼成一个完整的棋盘吗。你可以用另外的纸剪成这样的图形来拼图。

343

分布料

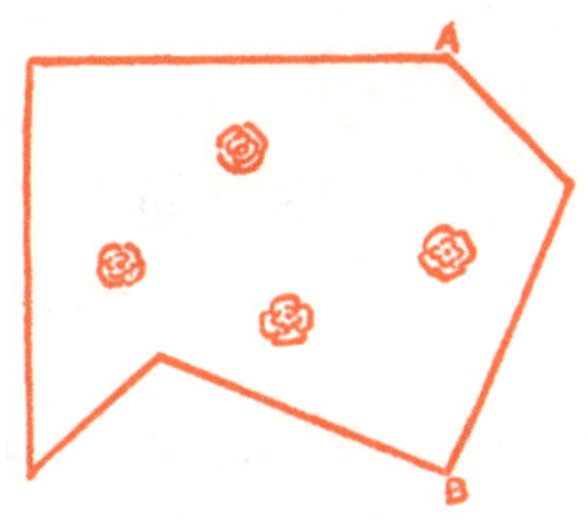

有一块布，要求把它分成两部分（不能有任何废除不用的部分），然后把这两部分拼接在一起，组成一个正方形，正方形上的四朵玫瑰呈对称形状。注意，不允许把任何一朵玫瑰一分为二，而且也不允许“翻转”任何一块。

344

日本女人和地毯

三个日本女人共有一张正方形的祖传地毯，地毯本身既有极大的价值，也有不小的祖传价值。他们决定将这块地毯分割成三块小的正方形地毯，每个人的家中都可以收藏一块。

怎样把地毯裁剪最少的块数，然后拼接，才能让三个人得到同样大小的三个正方形地毯呢?

345

狐狸和鹅

如图所示，画一个相似表格，大小任意。准备四颗棋子——三颗代表狐狸，三颗代表鹅。将鹅放在圆圈1、2、3处，将狐狸放在10、11和12这三个圆圈上。一次移动一颗棋子，将狐狸和鹅交替沿直线从一个圆圈移动到下一个圆圈，通过尽可能最少的移动次数，设法使狐狸移到圆圈1、2、3处，而将鹅移动到圆圈10、11、12，也就是说，让他们位置互换。

需要注意的是，绝对不能让狐狸和鹅位于一步范围之内，否则狐狸会吃了鹅。那么，要让狐狸和鹅位置互换，最少必须移动多少次?

346

拼桌面

这段奇妙的文字摘自老版本的《鲁宾逊漂流记》：

“风刮了一夜，到第三天早上，风力已经减弱，我走到海岸，希望找找被海浪冲来的船只残骸，也许可以发现一台打字机和其他什么有用的东西；但是摆在我面前的只有一块木板，上面还有许多洞洞。我的仆人星期五多次提起，我们亟需一张方形桌子来喝下午茶，我在考虑这块木头如何可以派上用场。因为星期五跟随我已经有段时间了，期间我一直不忘向他的脑袋里灌输一些有用的知识，所以我告诉他，我想把找到的这块木板做成一张桌子，不过桌面上不可以有洞。”

星期五一筹莫展，说这怎么可能呢，我说这桌面最多由两块板拼成，他更加发愁；但是我教给他如何做到，而且可以使桌面最大。不过我确实被他的话逗乐了，他说：“我们国家的做法比这个好得多，他们把洞洞塞上，这样糖块儿就漏不下去了。”

好，附图给出了这块木板的确切比例，以及十五个洞洞的位置。鲁宾逊用两块板拼成面积尽可能最大的方形桌面，而且中间没有洞，他是如何做到的呢？

347

罗沙蒙德秘密基地

这是被称作“罗沙蒙德秘密基地”的有名迷宫。道路相当复杂，到处有死巷，周围有许多入口。请找出通往秘密基地的路线。

348

宫殿巡逻问题

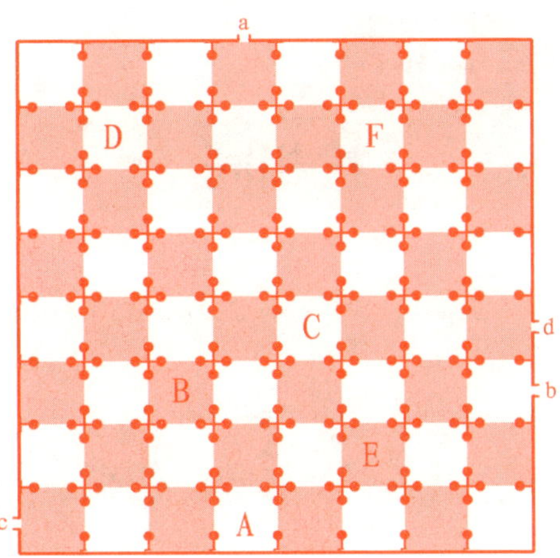

右图是宫殿的平面图，上面表明了有8×8共有64个房间，A、B、C、D、E是5个巡逻队员的位置。每天下午6点时，钟楼的钟声会敲响，A就得穿过房间从a出口出去，同样，B从b出口出去，C从c出口出去，D从d出口出去，然后E需要从目前的位置走到F标记的房间。

上面的规定说不上有什么道理，但是自作聪明的巡逻队长好要求5个巡逻队员走的路线绝对不准相交，也就是任何一个房间都不允许有一条以上路线穿过，巡逻队员从一个房间到另一个房间都必须经过图上所标识的门。

你能帮巡逻队员们找出他们各自的路线吗？

348

找错误

本题中有一处特别明显的错误，你能找出来吗？

白日依山近，黄河入海流。欲穷千里目，更上一层楼。

350

同心圆迷宫

眼睛盯着这张图，同时将本书绕着转，你应该会看到好几条奇怪的辐射线条。如果你觉得还不够难，试着走出这个迷宫看看。

351

找相同

这是一个观察立方体的问题。

上面的图形和下面五个图形中的哪一个相同？

352

填什么图形

图中问号处应是什么图形？

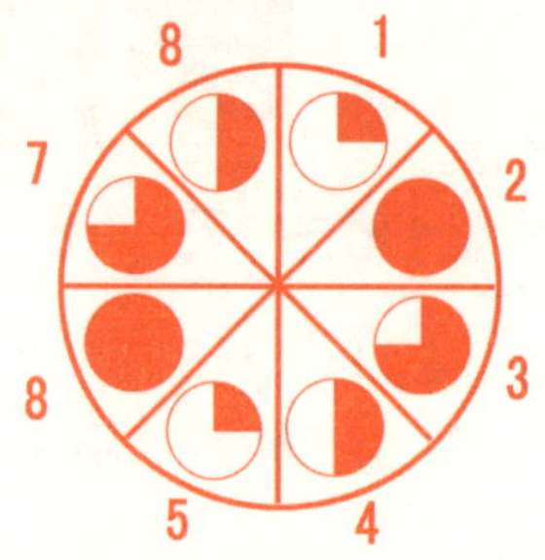

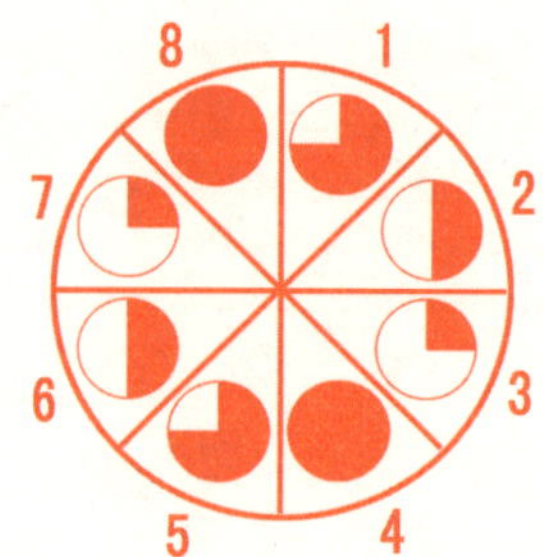

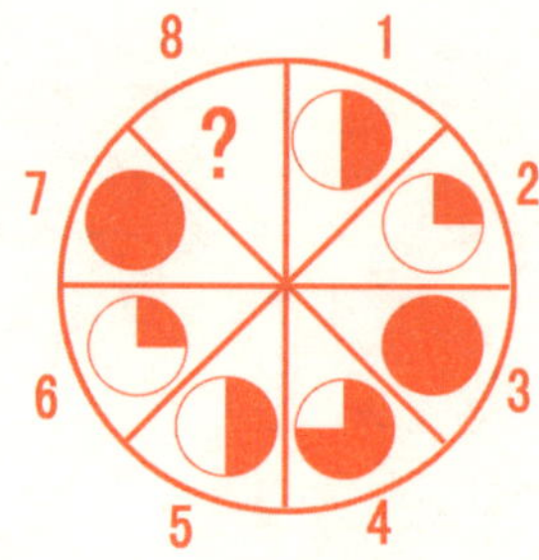

353

连线谜题

看着这张图象的中间。你是否看到一个并不存在的正方形？将这四个星星用四条直线连起来，直线不能穿过圆圈的实线段，而且第四条线的尾巴要接上第一条线的起头。

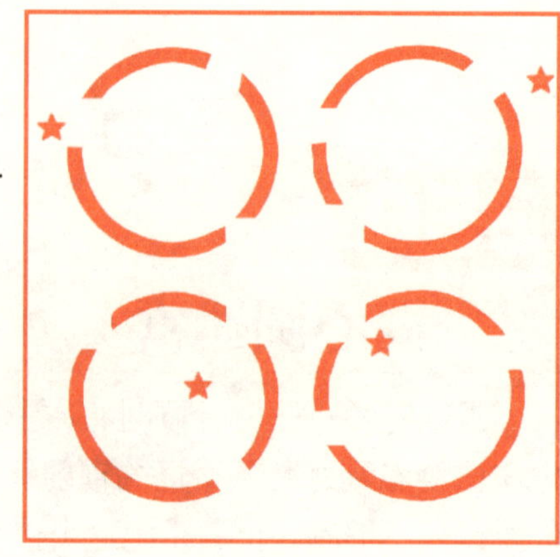

354

图形对应

A相对应于B，恰如C相对应于D、E、F、G之中的哪一个？

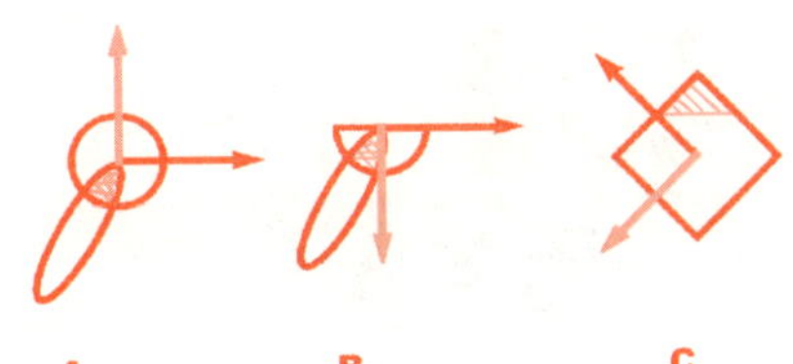

A B C

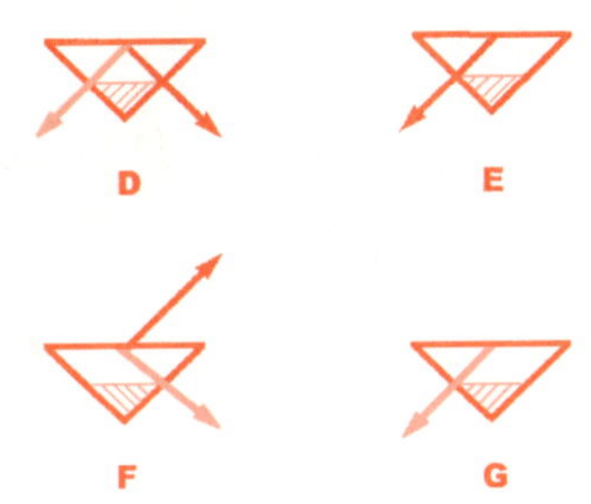

1 9 4 8 3 7 2 6 5
5 6 2 7 3 8 4
4 3 7 6 5
5 6 4
?

355

倒金字塔

找出问号所代表的数。

356

该填哪个

请问第三块正方形右下角应是什么符号？

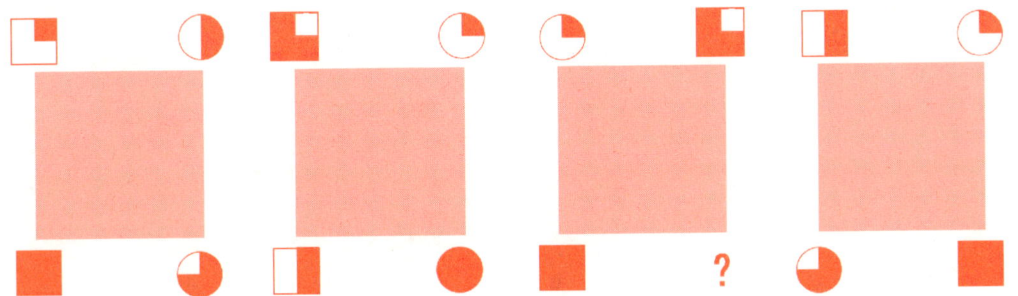

357

图案盒子

下边哪一个盒子是用左边这张硬纸折成的？

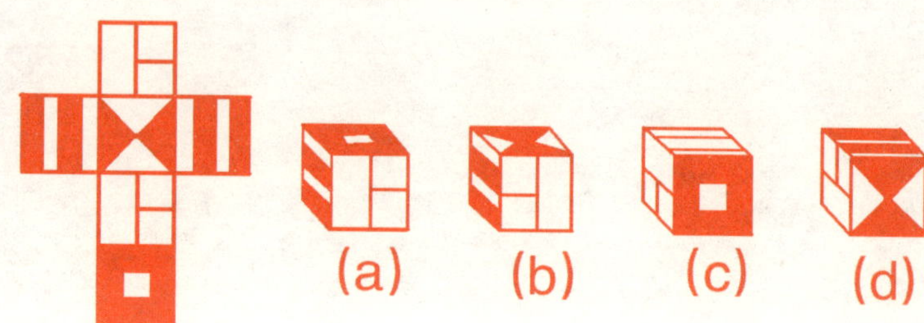

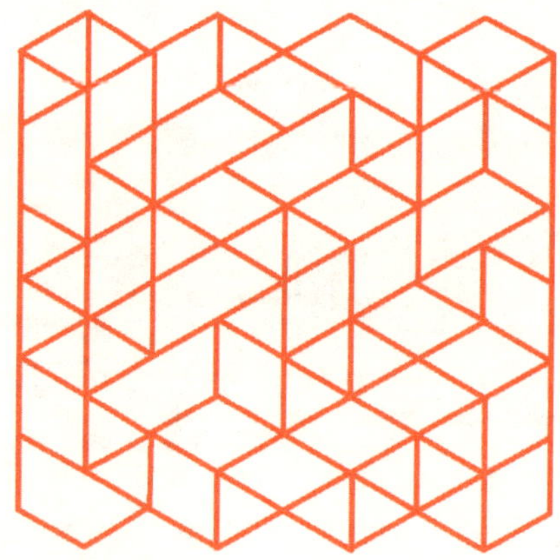

358

找图形

这是由三角形与菱形组成的图案。

事实上，在这个图案中藏有一个正六角形，请问在哪里？

359

正确的投影

A、B、C三幅图中，哪一个是鸭子正确的投影？

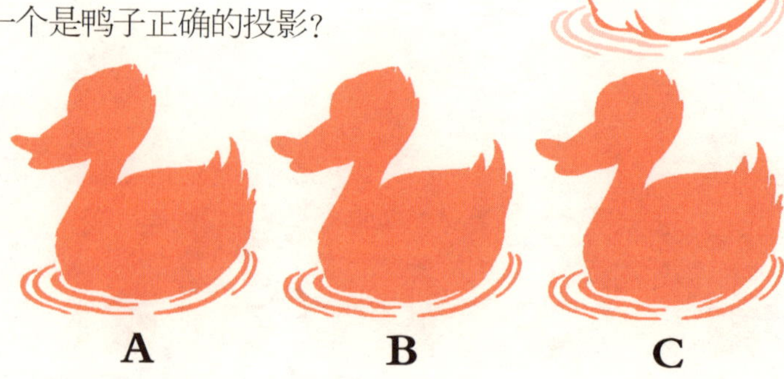

360

棋子连线

在这幅棋盘上有10颗棋子儿。你能移动其中的3颗，使这10颗棋子儿分别排成5条直线，并且每条线上有4个棋子儿吗？

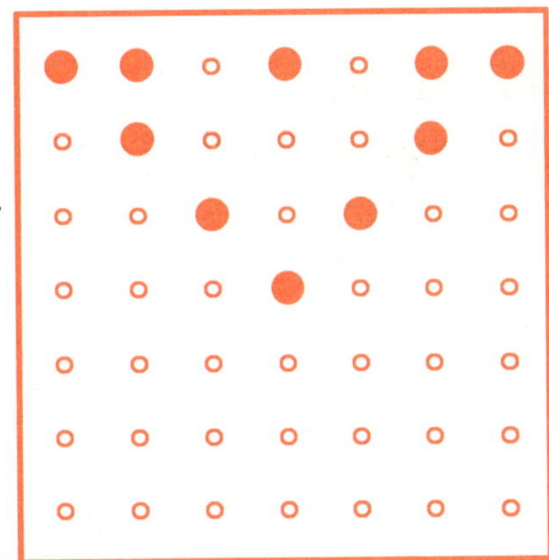

361

能多放几个吗

“清泉矿泉水公司”生意很不错，不过最近有一件麻烦的事：公司最初设计的纸箱可以每排放8瓶放6排，一共放48瓶，但是现在客户都反应放48瓶不好计算，必须改成每箱50瓶。如果满足客户的需要，公司只能把做好的几千个箱子不用，再重新做新的箱子，造成很多浪费。一个负责洗瓶子的工人却说其实原来的箱子也可以放50瓶的，但没有人相信。如图，你认为这个箱子真的能放50个瓶子吗？

362

不存在的图像（1）

如果你选到三个“正确的”区块，遮住其余的，你将会看到一个原本不存在的图象。

363

不存在的图像（2）

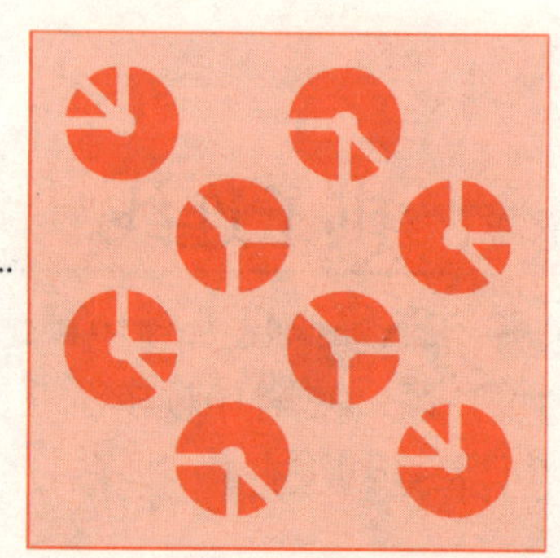

将其中四个圆圈转动180度，形成一个常见的几何图形。

364

没打结的绳子

找出下图中哪几副图形绳子没打结？

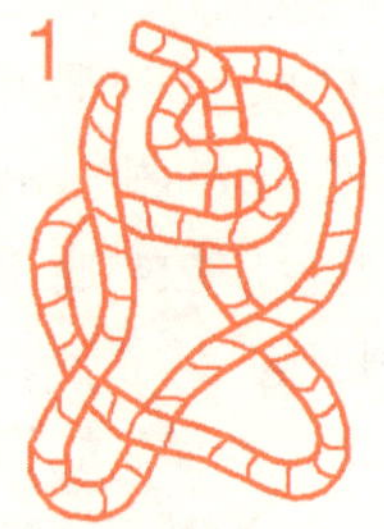

365

对称不对称

对称有上下对称、左右对称和旋转对称，在下面四组图中，只有一组与其他三组都不对称，你能找出来吗？

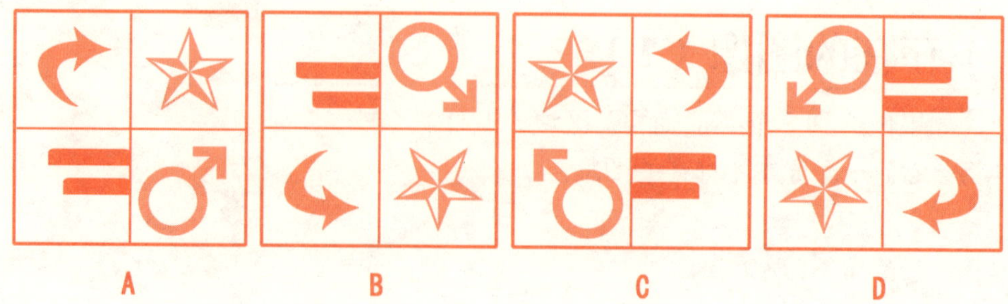

366

成双成对

图中有若干对靠在一起的两个数字相加恰好等于10。这些成双的数字，或横或竖或斜地靠在一起。请找找看，一共有多少对？

7	1	1	8	7	4	7	5	5	3	1	8	1	6	4	3
2	9	6	7	5	9	2	5	3	6	3	1	4	8	4	8
1	6	5	6	2	4	3	6	8	5	6	6	3	9	7	5
3	2	7	8	1	5	9	6	1	8	7	1	5	8	6	2
5	9	2	1	3	3	4	2	2	4	5	7	7	6	7	2
3	4	3	4	8	6	2	4	7	9	8	4	1	6	3	9
8	3	8	9	5	3	1	7	5	7	5	8	5	1	8	7
3	7	5	4	8	9	1	4	2	7	4	3	1	5	6	5
5	1	8	7	1	6	8	7	8	4	3	8	3	3	6	7
2	6	7	4	5	3	5	4	8	5	3	4	8	1	8	5
3	2	6	2	1	8	4	3	9	4	2	4	1	3	5	3
1	4	5	2	7	1	3	5	2	8	5	2	1	8	1	4
8	3	9	9	6	7	2	6	8	1	2	6	9	7	6	4
5	4	3	2	5	9	3	9	8	3	2	6	2	5	9	6
2	9	4	2	4	8	6	6	6	9	6	5	6	1	8	3
3	5	2	7	8	5	1	5	3	7	7	8	7	2	9	5

367

找相同

找一找，下面两幅图中，有几处相同。

368

镖靶

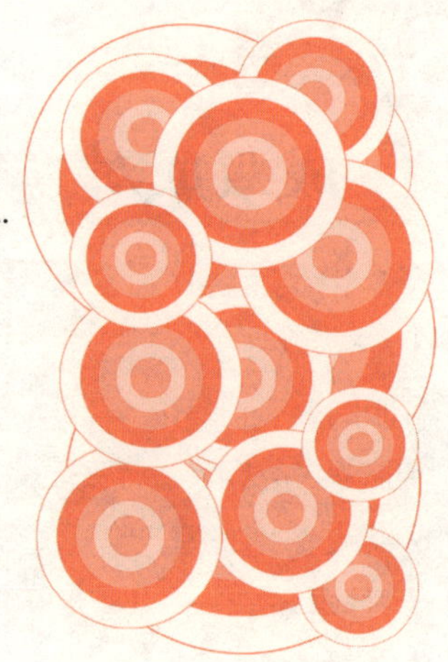

这是很多个叠放在一起的靶子，假如每一个靶子都至少有一部分能让你看见，在这里你最多可以看出几个靶子呢？

369

找不同（1）

一分钟内找出两幅图形的不同之处。

370

巧解乱麻

不借用其他工具，只用你的眼睛，你能尽快追踪图中每一条曲线对应的字母吗？

第六章

开拓分析判断力的思维游戏

A	F	K	P	
B	G		Q	
	H	M	R	
D		N		X
E			T	Y

371

骗人的眼睛

下面几组图形中，由于你的眼睛“欺骗”了你，使你产生了错觉，不信就用尺子量一量。

①哪条线的曲线半径最大？

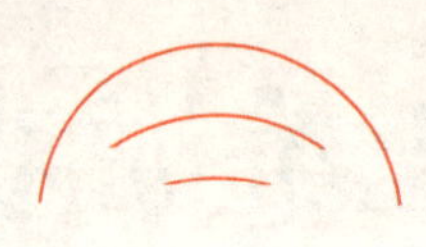

②两条竖线哪一条长？

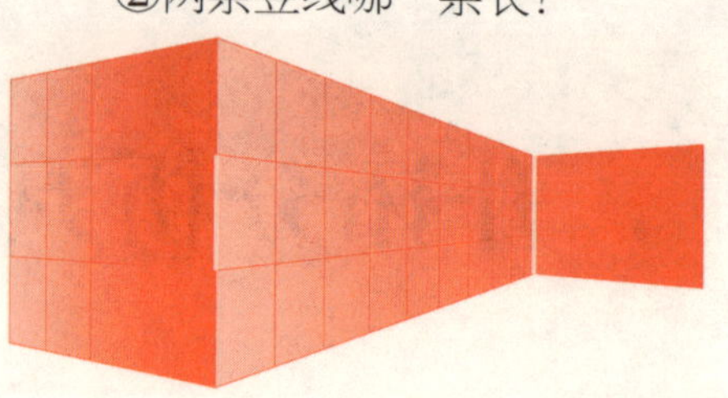

372

孤独的星星

左图中，哪一颗星星不属于这个星座？

373

取樱桃

桌上有一个用火柴棒拼成的杯子，杯子内放有一颗晶莹剔透的樱桃。如果你想吃到这颗樱桃的话，只能挪动2根火柴棒，把樱桃从杯子中拿出来。你知道该怎么挪动吗？

374

求婚的门槛

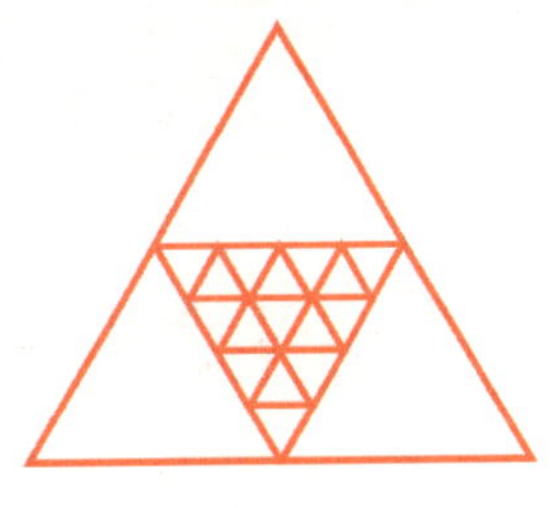

所罗门王有一个漂亮的待嫁的女儿。周边许多国家的王子和侯爵都想迎娶这位美丽的公主。为了考验求婚者的智慧，所罗门王随手画了一个用许多三角形组成的图案，要求求婚者数这个图案里一共有多少三角形。数对的就可以迎娶公主。

你能数出图案上有多少个三角形吗？

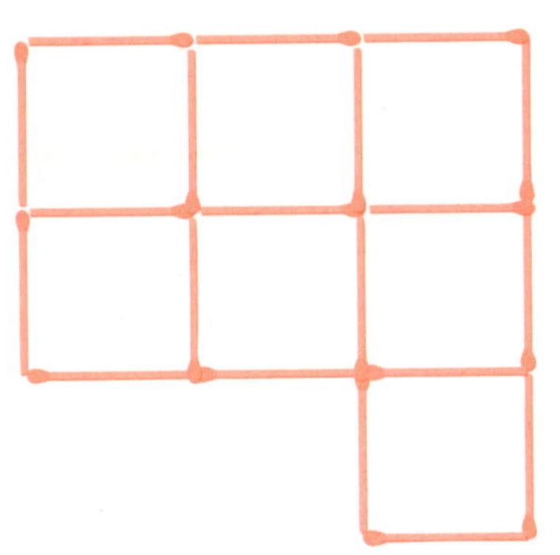

375

只有5个正方形

左图是由20根火柴棒排成的大小相同的9个正方形。试移动3根火柴棒，放在适当的位置，使图中只有5个正方形。

376

复杂的图形

请你数一数在右面这个复杂的图形中有多少个正方形？有多少个三角形？

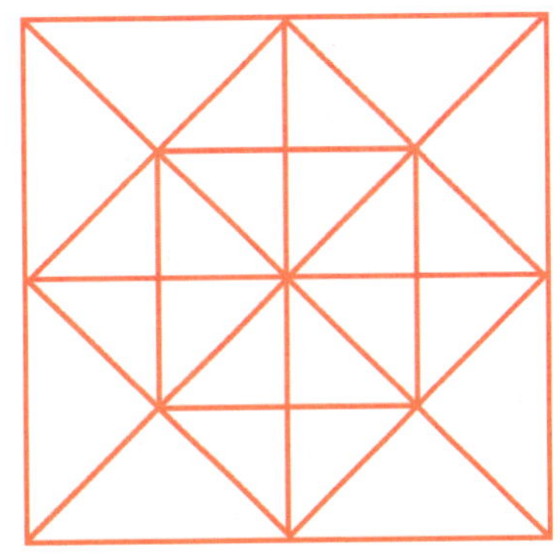

377

台历日期

右边台历上斜着的三个日期的数字之和为42，请问这三个日期为哪三天呢？

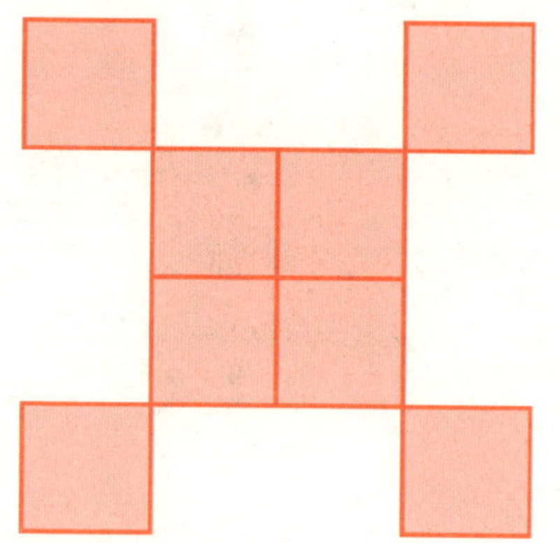

378

和为18

请你将 1～8 这 8 个数字分别填到左图中的 8 个方格内，使方格里的数不论是上下左右中，还是对角的四个方格以及四个角之和都等于18。想想你该怎么填？

379

转动的距离

两个圆环，半径分别是1和2，小圆在大圆内绕圆周一周，问小圆自身转了几圈？如果在大圆的外部，小圆自身转几圈呢？

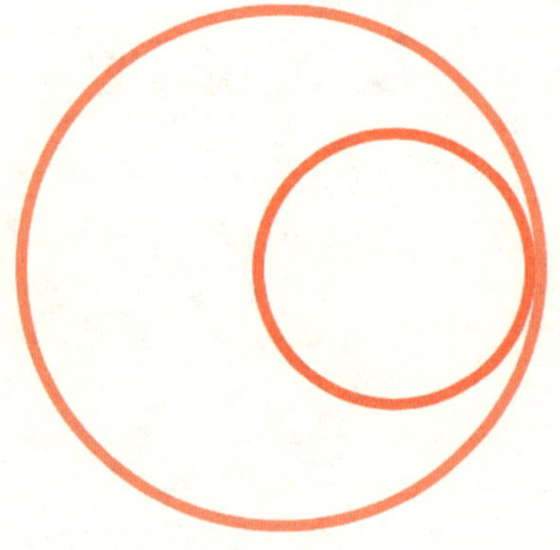

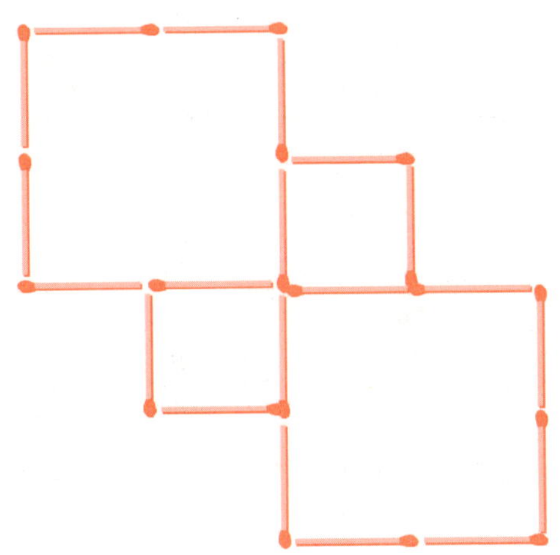

380 火柴游戏

这是用20根火柴摆成的图形，你只能移动其中的4根火柴，使它变成3个形状相同、面积也一样的图形吗？

381 消失的正方形

美国的一个魔术师发现这样一个奇怪的现象：一个正方形被分割成几小块后，重新组合成一个同样大小的正方形时，它的中间却有个洞！

他把一张方格纸贴在纸板上，按图1画上正方形，然后沿图示的直线切成5小块。当他照图2的样子把这些小块拼成正方形的时候，中间真的出现了一个洞！

图1的正方形是由49个小正方形组成的，图2的正方形却只有48个小正方形。究竟出了什么问题？那个小正方形到底到哪儿去了？

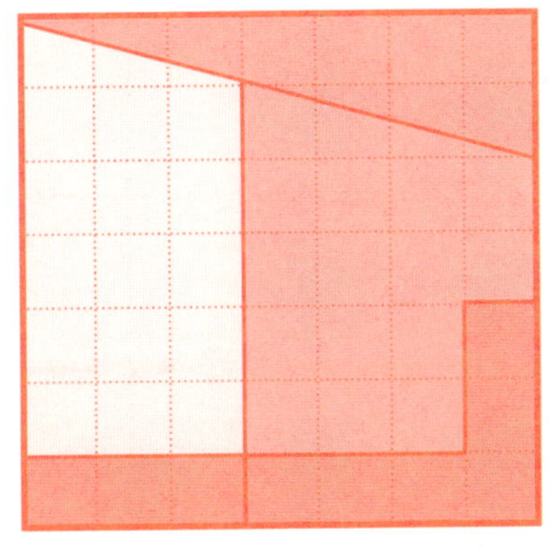

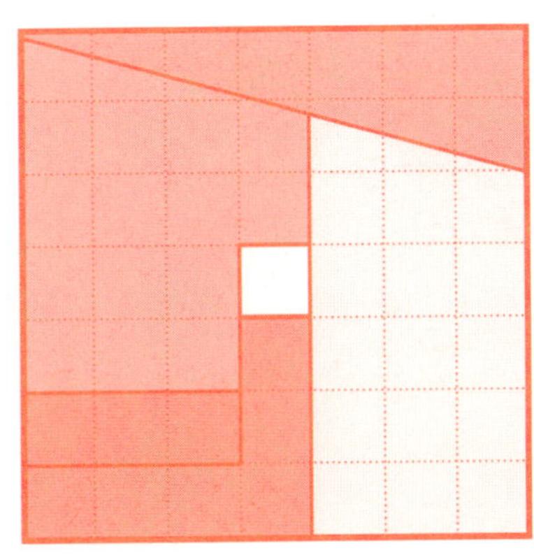

382

问号处该填什么

右面这道题目经常出现在公务员的考试中。请仔细观察，想想问号处该填什么？

●	▲	★	●	●
★	▲	★	▲	▲
▲	●	●	★	★
●	★	▲	●	●
?	▲	●	★	▲

383

圈鸭子

多多家有两只刚出生不久的小鸭子，为了防止鸭子乱跑，多多就用8根木条分别围成两个互不相连的正方形。这时，好心的邻居又送来了一只小鸭子，可是多多家没有多余的木条了，她该怎样用剩余的木条围成3个正方形，让3只鸭子分别住进3个正方形里呢？

384

摆棋子

左图是一个棋盘，棋盘上放有6颗棋子，请你再在棋盘上放8颗棋子，使得：

① 每条横线上和直线上都有3颗棋子。

② 9个小方格的边上都有3颗棋子。

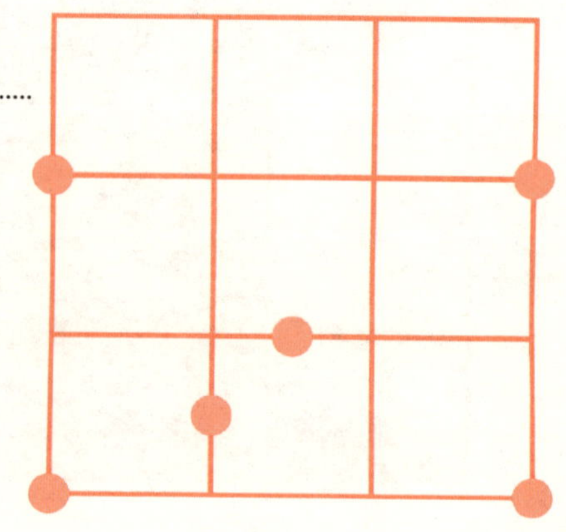

385

破损的台历

上个月30号是小白的生日。当天晚上有一个吃剩的蛋糕被小白随手扔在书桌的台历上。第二天早上醒来，小白发现蛋糕被贪吃的老鼠啃得面目全非，就连台历也被老鼠撕得乱七八糟，只能从仅存的部分中依稀看到几个字（如左图）。根据这些仅存的数字，你能否推测出这个月的1号是星期几？

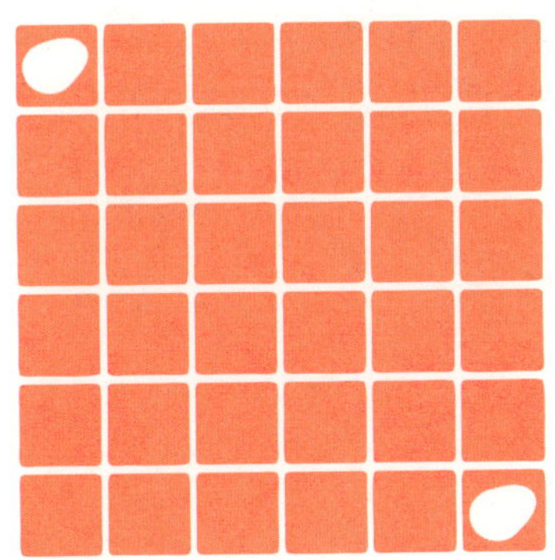

386

母鸡下蛋

一只母鸡想使每行（包括横、竖和斜线）中的鸡蛋不超过两个，它能在蛋格子里下多少蛋？你能在表格中标注出来吗？图中有两个鸡蛋了，因而不能再在这条对角线上下蛋了。

387

陌生的邻居

在一个菱形的小区的中央住着4户人家，他们的草坪分别在菱形小区的4个角落（如右图）。但他们都不愿意和邻居打招呼，想不穿过别人家的区域就能到自己家的草坪去。

假如你是这个小区的物业管理员，你该如何让这4条路彼此不相交就能到达他们自家的草坪？

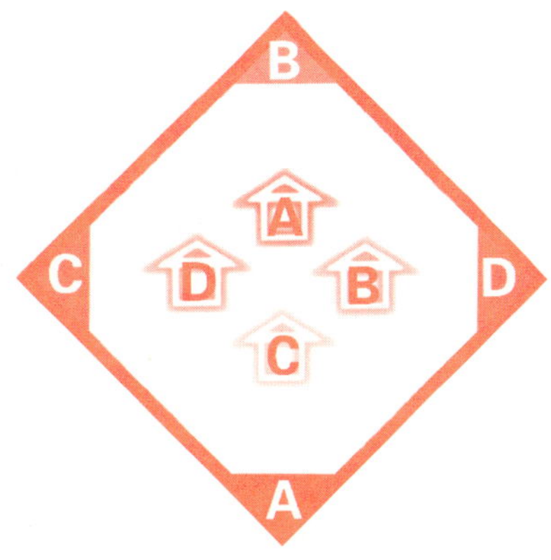

388

魔方的颜色

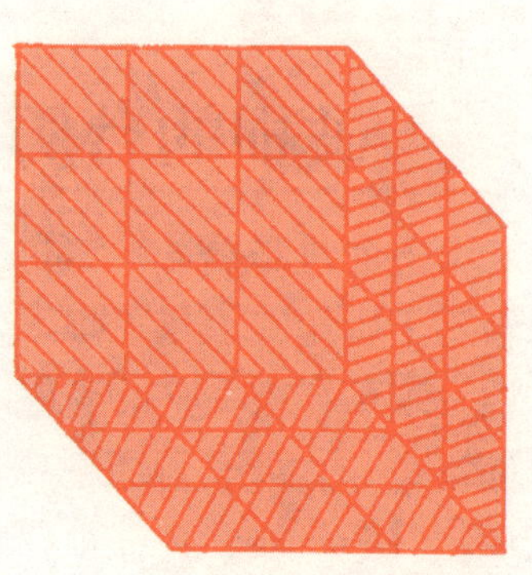

有一个魔方（如右图），所有的面都是同一种颜色。请问：有几个小立方体一面是这种颜色？有几个小立方体两面是这种颜色？有几个小立方体三面是这种颜色？有几个小立方体四面是这种颜色？有几个立方体所有的面都没有这种颜色。

389

爱因斯坦的谜题

这是爱因斯坦在20世纪初出的谜题。在一条街上，有5座房子，喷了5种颜色。每个房里住着不同国籍的人，每个人喝不同的饮料，抽不同品牌的香烟，养不同的宠物。

请问：谁养鱼？提示：

① 英国人住红色房子。

② 瑞典人养狗。

③ 丹麦人喝茶。

④ 绿色房子在白色房子左面隔壁。

⑤ 绿色房子主人喝咖啡。

⑥ 抽Pall Mall 香烟的人养鸟。

⑦ 黄色房子主人抽Dunhill 香烟。

⑧ 住在中间房子的人喝牛奶。

⑨ 挪威人住第一间房。

⑩ 抽Blends香烟的人住在养猫的人隔壁。

⑪ 养马的人住抽Dunhill 香烟的人隔壁。

⑫ 抽Blue Master的人喝啤酒。

⑬ 德国人在抽Prince香烟。

⑭ 挪威人住在蓝色房子隔壁。

⑮ 抽Blends香烟的人有一个喝水的邻居。

390

看图做联想

仔细观察右面的图片，想一想这些图片之间有什么联系？

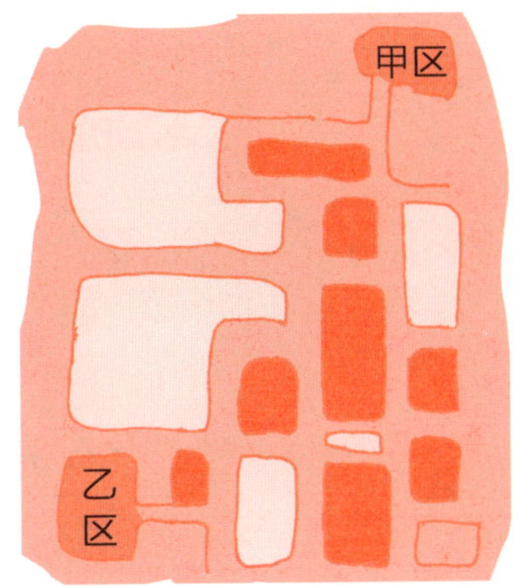

391

最简单的走法

小童住在甲区，她的朋友婷婷住在乙区。一天，婷婷想去小童家玩，小童该如何以“最简单”的方法（她走的路程不一定是最短的）告诉婷婷用左面的地图找到甲区？

392

圆填空

最后一个三角形右下角缺一个什么样的符号？

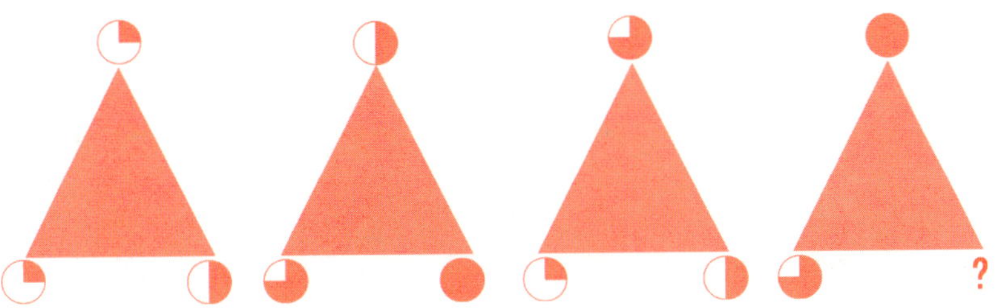

393

找伙伴

用3条不相交的线连接颜色相同的五角星，每个五角星的后面只能绕过一次。

394

消失的数字

仔细看左图，想想图中空白的圆圈该填什么数字？

395

不湿杯底

有一个玻璃杯，杯子底部的里面是干的，现在把杯子完全放进装满水的盆子里，但要使杯子的底部仍是干的，你能做到吗？

396

卷纸视物

把一张普通的书写纸卷成筒状，将左手平放在纸筒的左边。两只眼睛都睁开，然后用右眼往里面看。你会发现什么？

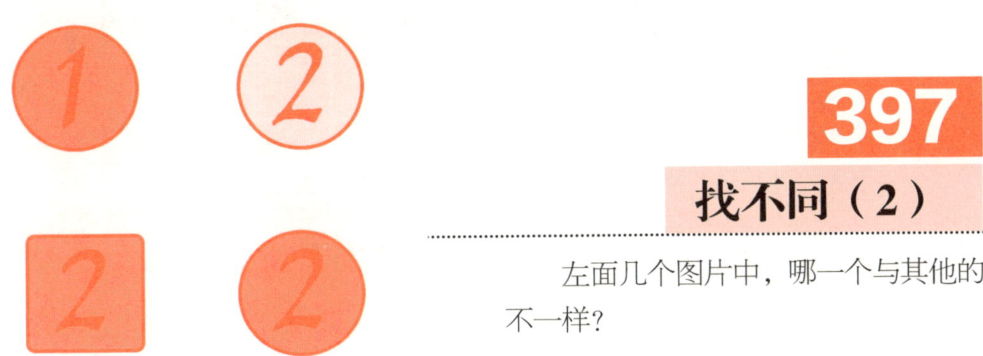

397

找不同（2）

左面几个图片中，哪一个与其他的不一样？

398

一步之差

在课堂上，老师出了这样一道题目：怎样移动一根火柴棒，就可以让等式成立（＝可以是≈）。

甲移动了一根火柴，只差一点就完全相等了。而乙同样是移动了甲刚才动过的那根火柴，竟使答案更接近了。你知道他们是怎么移动火柴的吗？

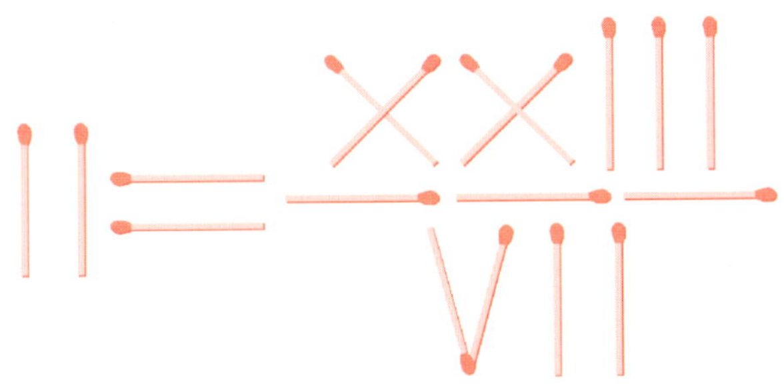

399

暗藏陷阱的宝藏图

从右面的方格里，找出其中隐藏的五处宝藏。方格下方绘有一些宝藏图案。在这些图案里，一处宝藏是占据了3个方格（宝藏三），另外两处宝藏共占据了2格（如宝藏一），还有两处宝藏各占据了2个单元格(宝藏二)。在方格右边和底边各有一排数字，表示在每行及每列中隐藏的宝藏所占的方格数。

除此之外，每个组合的宝藏图，一定是水平或直立的；而且一处宝藏与另外一处宝藏之间绝对不会彼此贴近，或位于彼此的对角位置。在方格中已绘有宝藏二的半个图，作为解题指南，这半个图如图中所示。

另外还需要注意的是，在这些方格中，每格代表的若不是宝藏，就必定是陷阱。你能寻找到这些宝藏吗？

400

合法销售

在一些欧洲国家，星期天卖某些商品是违法的。像报纸、水果这种有时间性、易变质的商品可以出售；然而像图书和电器等在短期内不会失去效用性的商品则不允许出售。商店应该怎么做才能在星期天把两种商品都合法地卖出去呢？

401

数字模板

有一个如右图所示的数字模板，请转动你的脑筋，猜一猜空格内应填入什么？

402

丢失的稿件

一阵清风把一堆没有装订的稿件吹散了，找回来的稿件中丢失了两页，请你想想是哪两页没有找回来呢？

提示：请仔细观察右图的稿件上的页码。

403

变三角形

10枚硬币排成倒三角形，如果让这个三角形朝上，只允许移动3枚硬币，该怎么移？

404

变字游戏

请你移动3根火柴棒，使“田”字变成“品”字。

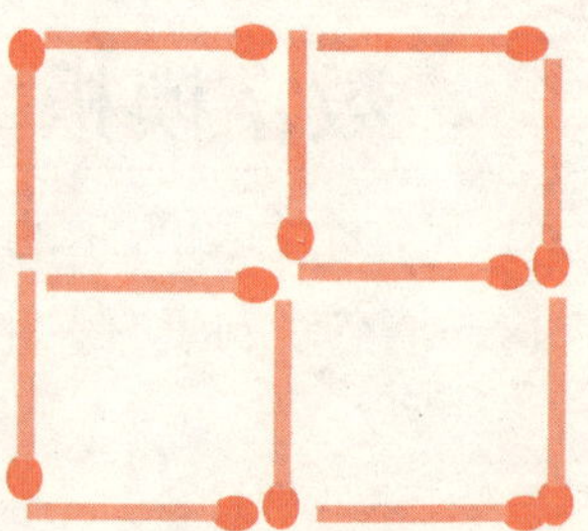

405

三个数

$$X \times Y \times Z = \square$$

$$X + Y + Z = \square$$

有三个不是0的数的乘积与它们之和都是一样的。请问：这三个数是什么？

406

自制扇子

小红有两个类似于银杏叶的扇子，但她觉得风不够大，想把它们剪一刀拼成一个正方形。你能帮帮她吗？

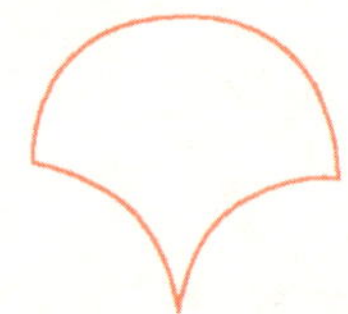

407

冬天还是夏天

下面这两幅图，你能区别哪一幅是夏天，哪一幅是冬天吗？

408

最后的弹孔

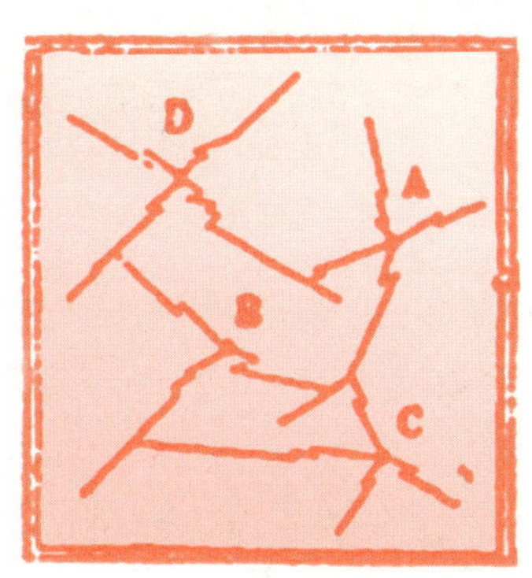

某地著名的富翁被枪杀了。他是站在房子的窗边时，被突然从窗外射来的子弹击中的。也许是凶手的枪法不准，打了4枪，最后一枪才命中。窗户的玻璃上留下4个弹孔。你知道最后一枪的弹孔是哪个吗？

409

有趣的类比

下面的九格图中，分别有1~9九个数字，如果图1阴影部分代表4，那么，图2阴影部分代表几？

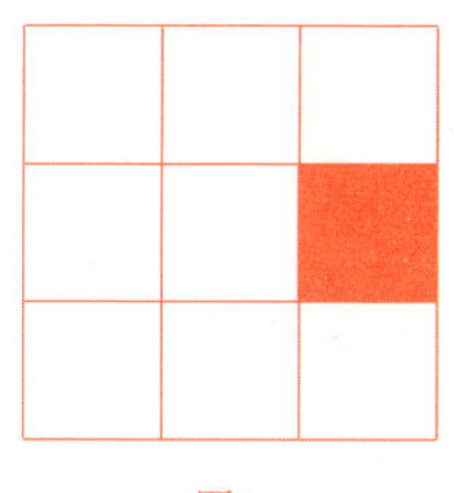
图1

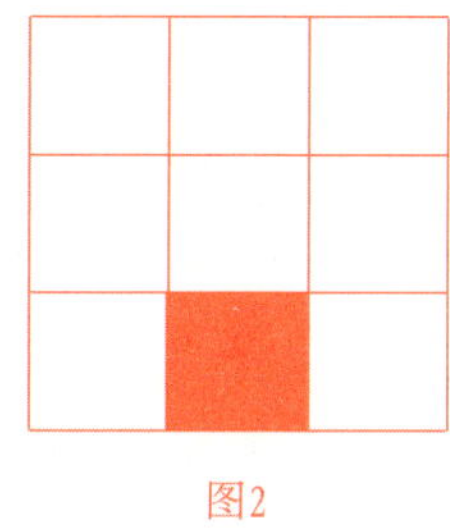
图2

410

兔子找食物

在一个表格里有几只兔子，每只兔子都有一棵专属于自己的胡萝卜，这棵胡萝卜有可能紧邻在兔子的四周，但不可能出现在兔子的对角线相邻位置。同时，两棵胡萝卜也不能相邻，也就是说，它们彼此之间不能“接触”。位于每行和每列的胡萝卜数目已经标示在表格旁了，到底兔子们的食物在哪里？

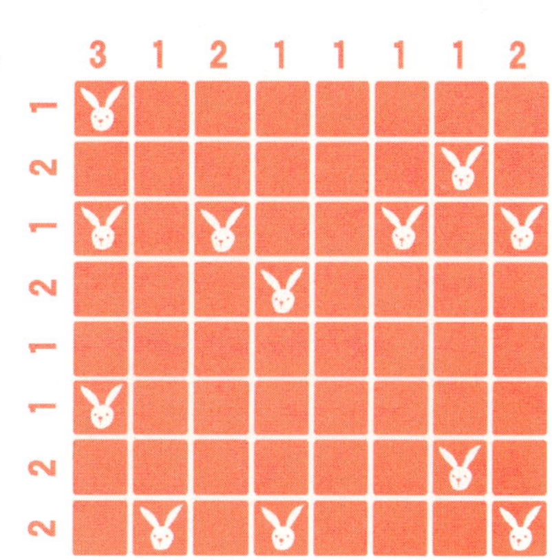

411

碑文符号

考古人员在希腊进行发掘工作时，使一批奇异的古代遗迹重见天日。他们发现很多纪念碑的碑文上反复出现下面这个由圆和三角形组成的符号。

这个图可以一笔画出，线条都不重复地画过两次以上。不过，如果采取那种更为一般的，允许同一线条可以随意重复画过的画法，只是要求用尽可能少的转折一笔画出这个图形，它无疑会成为很好的一道趣味题。你知道怎么画吗？

A	F	K	P	U
B	G	L	Q	V
C	H	M	R	W
D	I	N	S	X
E	J	O	T	Y

Z？

412

字母逻辑

依照左图的逻辑，说说Z应该是黑色还是白色？

413

填色游戏

将这些圆形分别填上红、黄、蓝和绿色，使得：

①每种颜色的圆形至少3个。

②每个绿色圆形都正好和3个红色圆形相接。

③每个蓝色圆形都正好和2个黄色圆形相接。

④每个黄色圆形都至少各有一处分别和红色、绿色和蓝色圆形相接。

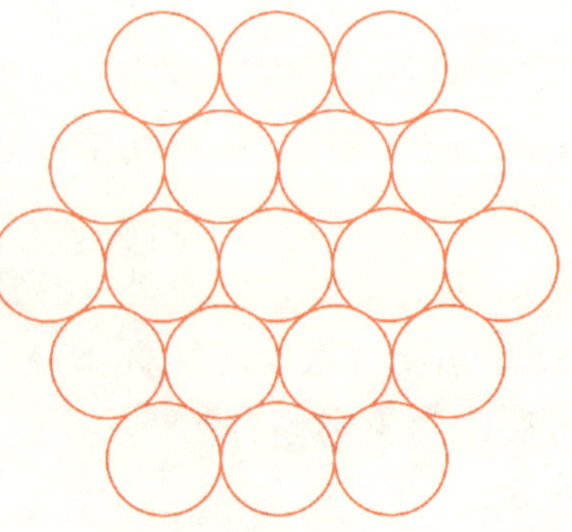

414

魔术阶梯

这个魔术阶梯是有名的施罗德阶梯，如果你将它倒过来看就知道它有什么特别之处。

现在请在每一阶上各放一张黑色和白色的卡片，使每一阶卡片的数字之和为5个连续的数字，即：9，10，11，12，13。

1 2 3 5 9 4 6 7 8 10

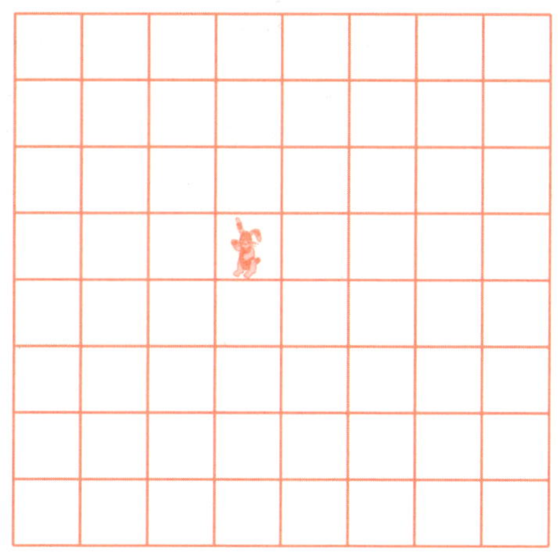

415

迷路的兔子

兔子小姐不小心掉进了很多格子的盒子里。她好想出去走走，可又怕被主人发现，而且她一次只能"上下"或"左右"移动一格，不能跳动。

请你帮她想想要如何走，才能走完所有的格子回到原点，而且不被主人发现呢？

416

多少个等边三角形

发挥你的想象力，仔细数一数，右面图形中到底有多少个大小不同的等边三角形？

417

栽树的方法

现在有10棵树，要栽成5行，每行要有4棵，怎么栽呢？你有几种栽法呢？

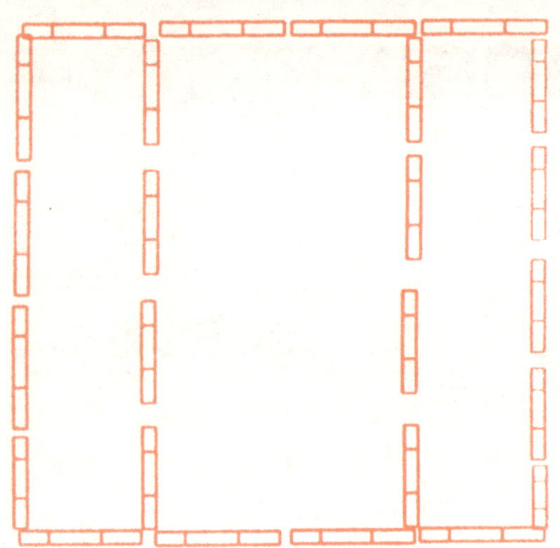

418

围菜地

图中是用24根竹竿围成的一个大块、两个小块长方形的菜地。要求你只能移动4根竹竿，将菜地围成5个正方形，你能做到吗？

6	7	2
1	5	9
8	3	4

419

魔方阵

古希腊著名数学家毕达哥拉斯曾经用从1到9的9个自然数做成了一个魔方阵，横、竖、斜相加的数字的和都等于15（如图所示）。现在用9个互不相同、不重复的数字做一个横、竖、斜相加都等于16的魔方阵，而且这9个数字从大到小排列时的两个相邻数字的差必须是1。你有办法解决吗？

巧裁缝

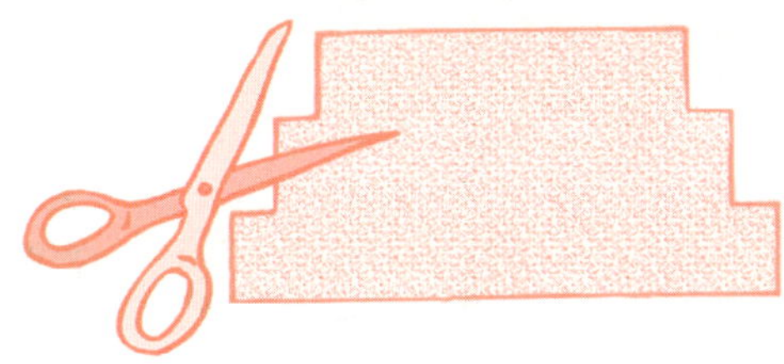

有一块布（如图），要裁成大小相同，样子相同的5块，要怎么裁才好呢？

421 移花插瓶

请你将图中的花插进旁边的花瓶里。要注意，每朵花只准移动一次；移动时需跳越两个数（不能越三个数或隔一个数），移动后，花的编号不变。提示：前面移动的花，它原来的位置还算一个数，后面的花移动的时候仍然要越过它。

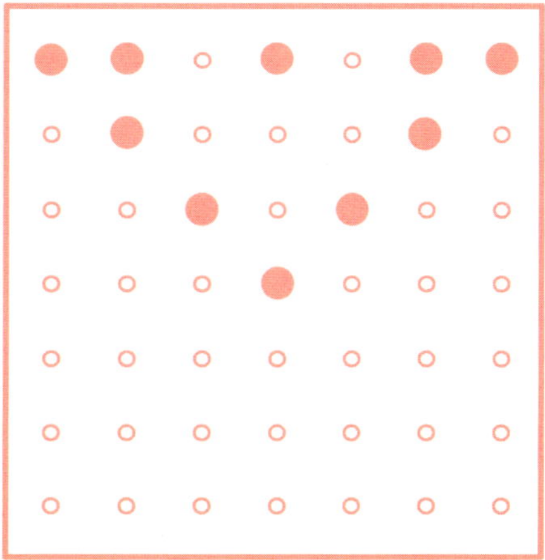

422 摆跳棋

棋盘上有10颗子儿，你能移动3颗子儿，使10颗子儿分别排成5条直线，每条线上都有4个子儿吗？

423

分田地

村里有田字形的一块地（如图），除一角是山外，其余的由8家农民耕种，可村长却能把地块分得形状、大小都一样，你能描绘出地的样子吗？

424

分木料

把1块木料（如图）分成形状大小完全相同的4块，该怎么分呢？

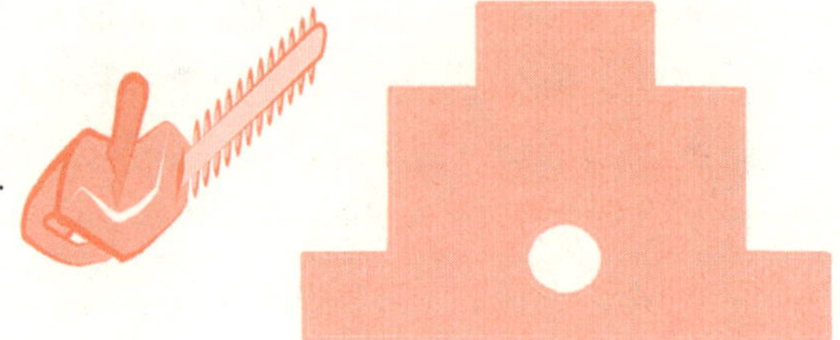

425

摆花瓶

有12只花瓶，原来是摆成三行的，第一行有3只花瓶，第二行有4只花瓶，第三行有5只花瓶。不过，这样很不好看（见图）。现在请你摆成6行，每行都要有4只花瓶，你能摆好吗？

426

改裙子

这条裙子样子怪怪的，好难看啊。你能改个样子，做个正方形的裙子吗？注意：只准剪一刀。

427

图形吻合

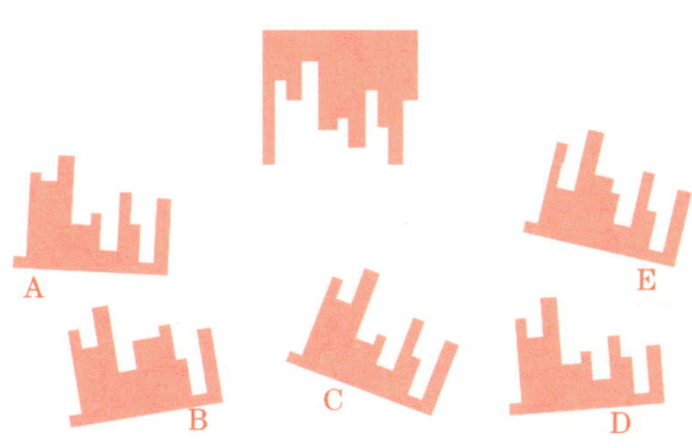

请问A、B、C、D、E这五个图形中，哪一个跟上面的图形相吻合？

第七章

提高数学能力的思维游戏

428

过河

一条大河上没有桥，37人要过河，但河上只有一条能装载5人的小船。

请问：37人要多少次才能全部过到河对面？

429

井底之蛙

一只井底之蛙想出去见见世面，于是开始攀爬井壁。每爬一次，就上升3米，但每次上升前会下落2米，已知井深10米。请问：这只青蛙要攀爬几次才能爬出井去？

430

粗心的管理员

公园的管理员看到公园里到处都是游客扔的垃圾，非常气愤。他决定增设20个垃圾桶，分别放在5条相互交叉的路上，每条路上放4个。但由于粗心大意，他少带了10个垃圾桶。那该怎么办？难道把垃圾桶劈成两半吗？

聪明的你帮忙想想办法吧！

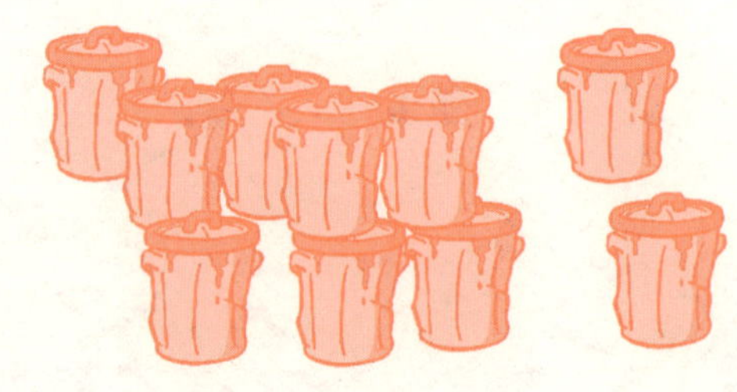

431

多少只羊

甲赶了一群羊在草地上往前走，乙牵了一只肥羊紧跟在甲的后面。乙问甲："你这群羊有100只吗？"甲说："如果再有这么一群，再加半群，又加1/4群，再把你的一只凑进来，才满100只。"

请问：甲原来赶的那群羊有多少只？

432

三只桶的交易

有一个农夫用一个大桶装了12公斤油到市场上去卖，恰巧市场上两个家庭主妇分别只带了5公斤和9公斤的两个小桶，但她们买走了6公斤的油，其中一个矮个子家庭主妇买了1公斤，一个高个子家庭主妇买了5公斤，更为惊奇的是她们之间的交易没有用任何计量的工具。你知道她们是怎么分的吗？

433

巧填算式

请你在下面的三道算式里分别填上合适的运算符号，使等式成立。

① 2　3　4　5　6　7　1=51

② 5　6　7　1　2　3　4=51

③ 6　7　1　2　3　4　5=51

434

断开的风铃花

小柔是一个喜欢动手的好孩子，她最喜欢做的就是风铃。这一天，她折了6朵风铃花，用一根1米长的绳子每隔0.2米拴1个正好。现在她不小心用剪刀剪坏了一个，重新折的话又没有多余的塑料膜了。现在还要求0.2米拴1个，绳子不能剩。请问：小柔该怎么拴？

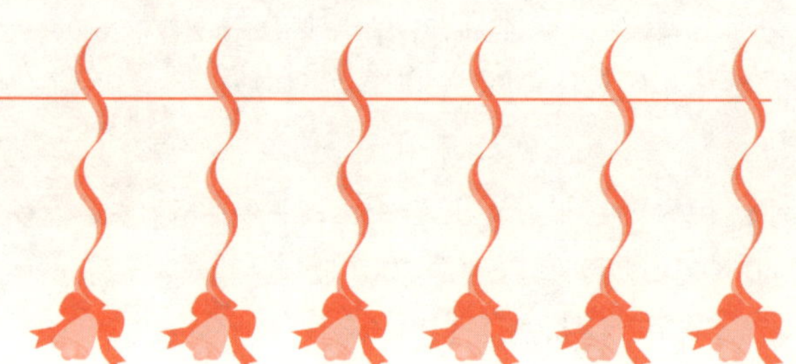

435

移数字

101-102=1

请移动左面等式中的一个数字（只能是数字，而且不能将数字对调，也不能移动运算符号），使等式成立。

436

文具的价格

2支圆珠笔和一块橡皮是3元钱；4支钢笔和一块橡皮是2元钱；3支铅笔和1支钢笔再加上一块橡皮是1.4元。请问：每种文具各一种加在一起是多少钱？

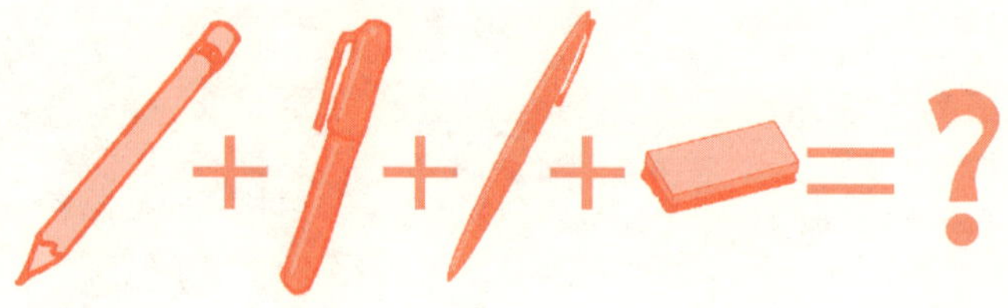

437

共有多少只蜜蜂

一只蜜蜂外出采花粉，发现一处蜜源，它立刻回巢招来10个同伴，可还是弄不完。于是每只蜜蜂回去各找来10只蜜蜂，大家再采，还是剩下很多。于是蜜蜂们又回去叫同伴，每只蜜蜂又叫来10个同伴，但仍然采不完。蜜蜂们再回去，每只蜜蜂又叫来10个同伴。这一次，终于把这一片蜜源采完了。

你知道采这块蜜源的蜜蜂一共有多少只吗?

438

赚了多少钱

一个人从市场上花8元钱买了只鸡，买了之后想想不合算，9元钱卖了。卖掉之后突然又嘴馋，于是花10元买了回来。回家一看家里有鸡，于是11元又卖掉了。这个人赚了多少钱?

439

如何称糖

有一个两臂不一样长却处于平衡状态的天平，给你2个500克的砝码，如何称出1千克的糖?

440

换啤酒

5个空瓶可以换1瓶啤酒，一个酒鬼一星期内喝了161瓶啤酒，其中有一些是用喝剩下来的空瓶换的。请问：他至少买了多少瓶啤酒？

441

水多还是白酒多

桌子上放着同样大小的两个瓶子，一瓶装着白酒，一瓶装着水，两个瓶子里的液体一样多。如果用小勺从第一个瓶子中取出一勺白酒，倒入第二个瓶子中，搅匀后，再从第二个瓶子中取一勺混合液，倒回第一个瓶子中。那么这时是白酒中的水多呢，还是水中的白酒多呢？

442

难解的债务关系

甲、乙、丙、丁4人是好朋友。有一天，甲因为要办点事情，就向乙借了10元钱，乙正好也要花钱，就向丙借了20元钱，而丙自己的储蓄实际上也并不多，就向丁借了30元钱。而丁刚好在甲家附近买书，就去找甲借了40元钱。

恰巧有一天，4人决定一起出去逛街，乘机也将欠款一一结清。请问：他们4人该怎么做才能动用最少的钱来解决问题呢？

443

守财奴的遗嘱

一个守财奴生前积累了很多的金条，可他到临死的时候也舍不得分给儿子们。为此，他写了一份难解的遗嘱，要是解开了这个遗嘱，就把金条分给他们，要是没有解开，金条就永远被藏在无人知晓的地方。他的遗嘱是这样写的：我所有的金条，分给长子1根又余数的1/7，分给次子2根又余数的1/7，分给第三个儿子3根又余数的1/7……以此类推，一直到不需要切割地分完。聪明的读者，你能算出守财奴一共有多少根金条，多少个儿子吗？

444

猎人的收获

有一天，猎人出去打兔子，直到天黑才回到家。他的妻子问："你今天打了几只兔子？"猎人说："打了6只没头的，8只半个的，9只没有尾巴的。"聪明的妻子马上就明白他打了几只。你知道吗？

445

和尚分馒头

100个和尚分100个馒头，正好分完。如果大和尚一人分3个，小和尚3人分一个，试问大、小和尚各有多少人？

446

运动服上的号码

小小参加学校的运动会，他的运动服上的号码是个四位数。一次，同桌倒立着看小小的号码时，发现变成了另外的四位数，比原来的号码要多“7875”。你知道小小的运动服上的号码是多少吗？

447

等于100

①请在1，2，3，4，5，6，7，8，9之间添上7个“+”和1个“×”，使其和为100。

1 2 3 4 5 6 7 8 9=100

②在1，2，3，4，5，6，7，8，9中插入加减号共3个，使其和为100。

1 2 3 4 5 6 7 8 9=100

448

列算式

请你按照9，8，7，6，5，4，3，2，1的顺序，在这9个数字的每两个数字之间适当地添加上+、−、×、÷等运算符号，列出一道算式，使其答案等于100。

9 8 7 6 5 4 3 2 1=100

449

什么时候相遇

在一个赛马场里，A马1分钟可以跑2圈，B马1分钟可以跑3圈，C马1分钟可以跑4圈。

请问：如果这3匹马同时从起跑线上出发，几分钟后，它们又相遇在起跑线上？

1=5 5 5 5

2=5 5 5 5

3=5 5 5 5

4=5 5 5 5

5=5 5 5 5

6=5 5 5 5

450

关于“5”的创意算式

左面有4个数字“5”，你能写出4个数字“5”组成的得数是1～6的算式吗？

注：+、−、×、÷和( )均可以用。

451

老钟

有一台老钟，每小时慢4分钟，3点以前和一只走得很准的手表对过时，现在这只表正好指在12点。请问：老钟还需走多少分钟才能指在12点？为什么？

452

问题时间表

妈妈每天都催促亮亮要抓紧时间学习，亮亮却辩解说他一年之中几乎没有时间学习。妈妈疑惑地问他怎么没有时间学习，亮亮就给妈妈列出这样一个表：

睡觉（一天8小时）	122天
双休日	104天
暑假	60天
用餐（一天3小时）	45天
娱乐（一天2小时）	30天
总计	361天

一年中，剩下的4天还没有把他生病的假期算进去，所以他没有时间学习。妈妈看他这样计算觉得也有道理。事实上，亮亮是做了手脚的。你发现亮亮在哪里做了手脚吗？

453

答案为1

在右面的数字中挑选出5个数字进行运算，使其得出的答案为1。请你找出这5个数，并说明按什么顺序运算？

+190	×12	−999	×4
−87	+29	×9	−576
−94	+65	×22	−435
×7	×8	+19	+117

454

冷饮花了多少钱

一个人在饭店吃中午饭，再加冷饮，共付6元，饭钱比冷饮多5元。请问：冷饮花了多少钱？

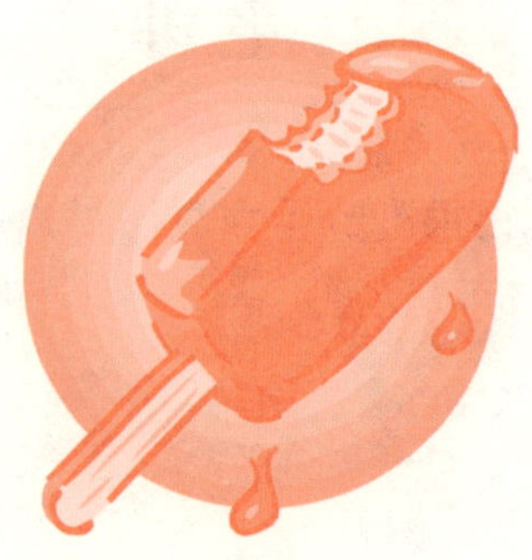

455

惨烈的尖叫

一天夜里，邻居听到一声惨烈的尖叫。早上醒来发现原来昨晚的尖叫是受害者的最后一声。负责调查的警察向邻居们了解案件发生的确切时间。一位邻居说是12:08分，另一位老太太说是11:40分，对面杂货店的老板说他清楚地记得是12:15分，还有一位绅士说是11:53分。但这4个人的表都不准确，在这些人的手表里，一个慢25分钟，一个快10分钟，还有一个快3分钟，最后一个慢12分钟。聪明的你能帮警察确定作案时间吗？

456

多少岁

一个人在公元前10年出生，在公元10年的生日前一天死去。

请问：这个人去世时是多少岁？

457

神奇的数字

请在下面的式子中添上＋、－、×、÷及( )，使得等式成立。

1 2 3 =1

1 2 3 4 =1

1 2 3 4 5 =1

1 2 3 4 5 6 =1

1 2 3 4 5 6 7 =1

1 2 3 4 5 6 7 8 =1

458

找到隐藏的数

下列数字中隐藏着两个数，其中一个是另一个的两倍，两个数相加的和为10743。这两个数是什么？

57135816238

459

融冰淹人

有一次，财主把阿凡提抓了起来，他把阿凡提绑在水池的柱子上，然后又在水面上放了很多大冰块。这时，水面正好淹到阿凡提的脖子，财主想等到冰块融化了后淹死阿凡提，但阿凡提却丝毫不害怕。你知道，冰块融化了之后水面会上升多高吗？

460

山羊吃白菜

如果3只山羊在6分钟内吃掉3棵大白菜，那么一只半的山羊吃掉一棵半的白菜需要多长时间？

461

牛奶有多重

大龙买了一大瓶牛奶，他不知道牛奶重多少，但知道连瓶子共有3.5千克。现在，他喝掉了一半牛奶，连瓶子还有2千克。你知道瓶子有多重？牛奶又有多重吗？

462

玻璃瓶里的弹珠

一个玻璃瓶里一共装有44个弹珠，其中：白色的2个，红色的3个，绿色的4个，蓝色的5个，黄色的6个，棕色的7个，黑色的8个，紫色的9个。

如果要求每次从中取出1个弹珠，从而得到2个相同颜色的弹珠，请问最多需要取几次？

463

紧急情报

气象部门观察发现，在半个月后将有飓风袭击澳大利亚北部城市。现在气象台成员只有一个办法——步行翻越一座高山将情报传递给南部。而每个人翻越高山的时间都是12天，每个人最多只能带8天的粮食。假设每个人的饭量相同，所带的食物也一样，请问：最少需要几个人才能完成任务？

464

胜算最大

3个人面临着一场决斗。他们站着的位置正好构成了一个三角形。其中被称为“枪神”的人百发百中；被称为“枪怪”的人3枪能命中2枪；莱特枪法最差，只能保证3枪命中1枪。现在3人要轮流射击，莱特先开枪，“枪神”最后开枪。如果你是莱特，怎样做才能胜算最大呢？

465

分橘子

甲、乙、丙三家约定9天之内各打扫3天楼梯。由于丙家有事，没能打扫，楼梯就由甲、乙两家打扫，这样甲家打扫了5天，乙家打扫了4天。丙回来以后就以9斤橘子表示感谢。

请问：丙该怎样按照甲、乙两家的劳动成果分配这9斤橘子呢？

466

小船渡人

有3个人必须过河到对岸，但河上没有桥。河上有两个孩子正在划着一只小船想帮助他们。可是船太小了，一次只能搭一个人，如再加上一个孩子船就会沉下去，而岸上的3个人都不会游泳。请问：他们要怎么做才能让所有人都顺利到达对岸呢？

467

镜子里的数字

有4个数字（两组）在镜子里面看顺序相反，它们两者之间的差均等于63。

请问：这两组数字分别是什么?

468

值多少

如果7只企鹅=2头猪，1只企鹅+1头猪=1匹马，1头猪+1只鸟=1条狗，2头猪+5只企鹅=2条狗，4匹马+3条狗=2只鸟+8头猪+3只企鹅，已知企鹅的值为2，那么狗、马、鸟和猪的值分别为多少?

469

聪明律师的难题

古希腊一位寡妇要把她丈夫遗留下来的3500元遗产同她即将生产的孩子一起分配。如果生的是儿子，那么按照古希腊的法律：母亲应分得儿子份额的一半，如果生的是女儿，母亲就应分得女儿份额的两倍。可是如果生的是一对双胞胎——一男一女呢？遗产又该怎么分呢？这个问题把聪明的律师给难倒了。聪明的你知道遗产该怎么分吗?

470

卡片游戏

2，1，6的3张卡片，请你变换一下它们的位置，使它们变成刚好能被43除尽的一个3位数。

471

和为99

把9，8，7，6，5，4，3，2，1九个数按顺序用加号连起来，使和等于99。（数字可以连用）

987654321

472

属相与几率

假设每个人出生在各属相上的几率相同，那么至少要在几个人以上的群体中，两个人出生在同一个属相上的几率，要高于每个人的属相都不同的几率？

473

小猫跑了多远

同同和苏苏一起出去玩，苏苏带了一只小猫先出发，10分钟后同同才出发。同同刚一出门，小猫就向他跑过来，到了同同身边后马上又返回到苏苏那里，就这么往返地跑着。如果小猫每分钟跑500米，同同每分钟跑200米，苏苏每分钟跑100米的话，那么从同同出门一直到追上苏苏的这段时间里，小猫一共跑了多少米？

474

电话号码

壮壮所在城市的电话号码是四位。一次他搬了新家，得到了一个非常不错的电话号码。这个电话号码很好记：新号码正好是原来号码的四倍；原来的号码从后面倒着写正好是新的号码。

现在，你能够推测出他的新电话号码吗？

475

著名作家的生卒年

19世纪有一位著名的作家出生于英国，同样他也死于19世纪。他诞生的年份和逝世的年份都是由4个相同的数字组成，但排列的位置不同。他诞生的那一年，4个数字之和是14；他逝世那一年的数字的十位数是个位数的4倍。

请问：该作家生于何年，死于何年？

476

古董商的交易

有一位古董商收购了两枚古钱币，后来又以每枚60元的价格出售了这两枚古钱币。其中的一枚赚了20%，另一枚赔了20%。请问：和他当初收购这两枚古钱币相比，这位古董商是赚是赔，还是持平？

剧院的座位安排

有个剧院在上演精彩节目，刚好120个座位全坐满了观众，而全部入场费刚好为120元。剧院的入场费收取办法是：男子每人5元，女子每人2元，小孩子则每人1角。那么，你可以据此算出男、女、小孩各有多少人吗？

478

失算的老师

10个同学来到教室，为座位问题争论不休。有的人说，按年龄大小就座；有的人说，按学习好坏就座；还有人要求按个子高矮就座。

老师对他们说："孩子们，你们最好停止争论，任意就座。"

这10个同学随便坐了下来，老师继续说道："请记下你们现在就座的次序，明天来上课时，再按新的次序就座；后天再按新的次序就座，反正每次来时都按新的次序，直到每个人把所有的位子都坐过为止。如果你们再坐在现在所安排的位子上，我将给你们放假一年。"

请你算算看，老师隔多少日子才给他们放假一年呢？

479

不会算数的顾客

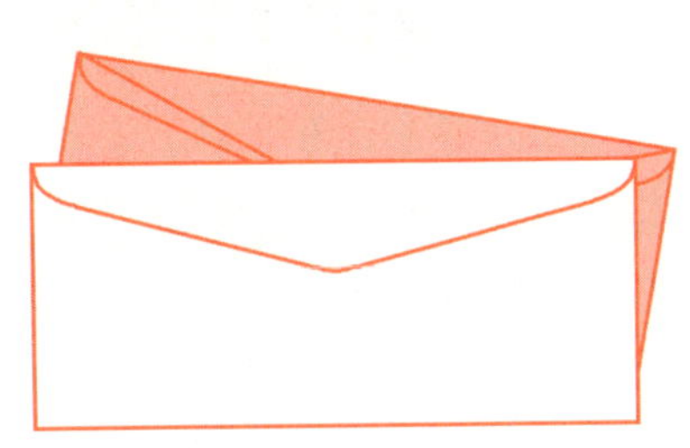

一位顾客想寄很多封信。于是他递给邮局卖邮票的职员一张1元的人民币，说道："我要一些2分的邮票和其10倍数量的1分的邮票，剩下的全要5分的。"这位职员一听懵了，他要怎样做才能满足这个不会算数的伤脑筋顾客的要求呢？

480

自作聪明的盗贼

一个被警察追踪多年的盗贼突然有一天前来自首。他声称他偷来的100块法老壁画被他的25个手下偷走了。这些人中最少的偷走1块，最多的偷了9块。而这25人各自偷了多少块壁画，他说他也记不清了，但可以肯定的是，他们偷走的壁画是单数，不是双数。他为警方提供了这25个人的名字，条件是不能判他的刑。警察答应了。但当天下午，警长就下令将自首的盗贼抓获。猜猜为什么？

481

天平称重

现有1克、2克、4克、8克、16克的砝码各一个。称重时，砝码只能放在天平的一端，用这5个砝码组合可以称出几种不同的重量？

482

“鬼迷路”

一天晚上，3个探险家为了抄近路，决定从宽4千米的山谷中穿过。他们走了很久，按时间计算应该到达目的地了，但每次总是莫名其妙地回到出发点附近。这就是人们经常说的“鬼迷路”。你知道是怎么回事吗？

483

匪夷所思的数

有这样一个数，它乘以5后加6，得出的和再乘以4，后加9，然后再乘以5得出的结果减去165，把结果的最后两位数遮住就回到了最初的数。你知道这个数是多少吗？

[（?×5+6）×4+9]×5-165=?

484

最简单的算式

请你用5个1和5个3组成两道最简单的算式，使其答案都等于100。

485

烟鬼戒烟

史密斯先生的烟瘾很大，最近医生发出最后通告：如果他再不把烟戒掉，他的肺部就会穿孔。史密斯先生思考了一分钟，说："我抽完剩下的7支烟就再也不抽了。"不过，史密斯先生的抽烟习惯是，每支香烟只抽1/3，然后用某种透明胶把3个烟蒂接成一支新的香烟。

请问：在史密斯先生戒烟之前，他还能抽多少支香烟？

486

只收半价

有一位姑娘到一家新开张的布店里要买两匹布，她精心挑了两匹布后问多少钱？店铺的伙计说："姑娘真是好眼光，今天是本店的开张吉日，只收半价。"姑娘一听就说："既然是半价，那我买你两匹布再把一匹布折合成一半的价钱还给你。这样咱们就两清了。"

如果你是这位伙计，你会答应这笔买卖吗？

487

4个4

用4个"4"列出得数为1，2，3，4，5的5个算式。

4　4　4　4＝1

4　4　4　4＝2

4　4　4　4＝3

4　4　4　4＝4

4　4　4　4＝5

488

鸡兔同笼

若干只鸡兔被关在同一个笼里，笼里有鸡头、兔头共36只，有鸡脚、兔脚共100只，问鸡兔各有几只？

489

风吹蜡烛

停电了，小寒点燃了8根蜡烛，但外面有一阵风吹来，有3根被风吹灭了。过了一会儿，又有2根被风吹灭了。为了防止蜡烛再被吹灭，小寒赶紧关上了窗户，之后，蜡烛就没再被吹灭过。

你知道最后还能剩下几根蜡烛吗？

490

分糖果

3个小女孩一共有770颗糖果，她们打算如往常那样，根据她们年龄的大小按比例进行分配。以往，当二姐拿4颗糖果时，大姐拿3颗；当二姐得到6颗时，小妹可以拿7颗。你知道每个女孩可以分到多少颗糖果吗？

491

好客的花花

星期天，花花家来了很多客人。花花就把自己藏了很久的棉花糖拿出来给大家分享。如果每人分5颗那还少3颗，如果每人分4颗就还剩3颗。你知道花花家来了多少个客人，花花自己又有多少颗糖吗？

492

出去多长时间

小丽在6点多一点出去了，这时分针和时针为110度角，在不到7点时回来，此时分针和时针刚好又成110度角。

请问：小丽出去多长时间？

493

用多少时间

如果挖1米长，1米宽，1米深的池子需要12个人干2小时。那么6个人挖一个长、宽、深是它两倍的池子需要多少时间？

494

各有多少条鱼

小安家的鱼缸里养了很多热带鱼，其中有五彩神仙鱼和虎皮鱼。现在知道两种鱼的数目相乘的积数在镜子里一照，正好是两种鱼的总和。你能算出两种鱼各是多少条吗？

495

谁胜谁负

和你的朋友交替说出1到10中自己喜欢的数，把每次你和朋友说的数相加，最后再求出总和。总和达到或者超过100的就算输。

仔细思考一下，想想你该怎么做才能取胜。

496

"8"的奥秘

将6个8组成若干个数，使其相乘和相加后等于800，你该如何排？

497

超标的药丸

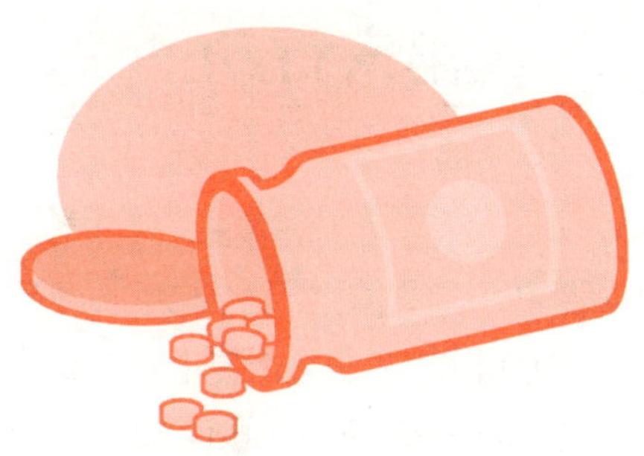

某制药厂最近新生产了一批感冒药，每100粒装在一个瓶子里，6个瓶子为一箱。在推向市场之前，制药厂必须把这些药丸送到药物质检局检验。一天，制药厂收到紧急通知：某箱药丸里，有几个瓶子里的药丸超重1毫克。

如果每一瓶都取出一粒药丸来称量，那么需要一共称量6次才能得出结果，能不能想出一个最好的办法称一次就能把问题解决呢?

498

最大的整数

如果+、−、×、÷分别只能使用一次，那么，这几个数字中间分别应添什么符号，才能使下面这个算式得出最大的整数?

注：可以使用一次小括号。

4　2　5　4　9　=

499

花最少的钱去考察

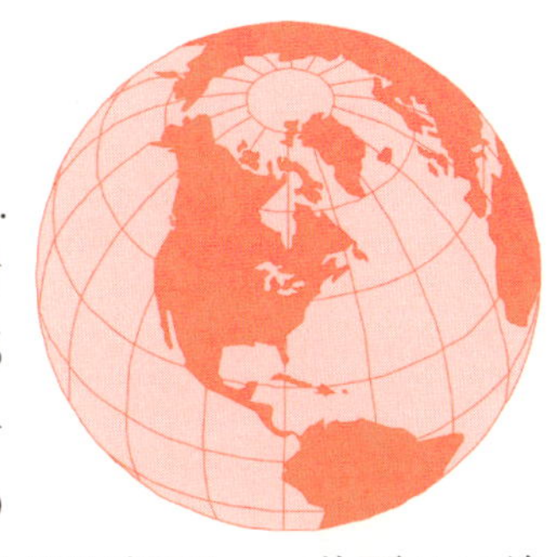

赤道上有A、B两个城市，它们正好位于地球上相对的位置。分别住在这两个城市的甲、乙两位科学家每年都要去南极考察一次，但飞机票实在是太贵了。围绕地球一周需要1000美元，绕半周需要800美元，绕1/4周需要500美元，按照常理，他们每年都要分别买一张绕地球1/4周的往返机票，一共要1000美元，但是他们俩想出一条妙计，两人都没花那么多的钱。你猜他们是怎么做的?

500

秘密行动

国家情报局接到通知：一辆时速为60公里的火车上装满了炸药准备驶向首都。为阻止这一恐怖活动，国家情报局决定派本杰伦在火车通过的长为500米的隧道中，装上黄色远程遥控炸弹。由于火车通过隧道的时间仅30秒，于是本杰伦把遥控定时装置设置为“30”，只要火车一进隧道，就会触发装置计数，30秒后炸药自动爆炸。但是当火车呼啸而来进入隧道，高强度炸药在铁轨上准时爆炸后，火车仍然在失去铁轨的路面上继续疯狂前行，最后在树林里停了下来，随之引发了一场大火。消息传到国家情报局后，上司以指挥失误为由处分了本杰伦。你知道本杰伦错在哪个地方吗?

附录

解答部分

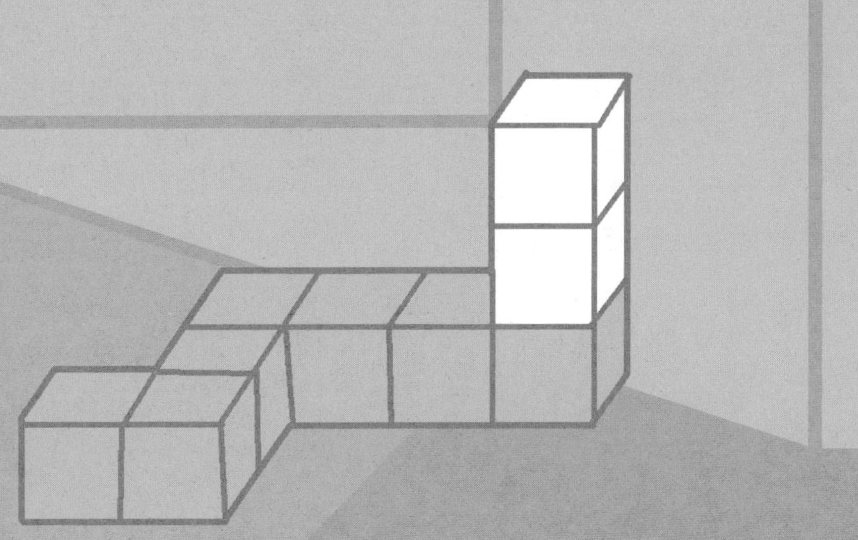

1. 燃香计时

将两根香同时点着，但其中一根要两头一起点。两头一起点的香燃尽的时候，时间正好过去半个小时。只点一头的香也正好燃烧了半小时，剩下的半根还需要半个小时。再两头一起点，燃尽剩下的香所用的时间是15分钟。这样两根香全部烧完的时间就是45分钟。

2. 巧倒粮食

先把袋子上半部分的小麦倒入空袋子，解开袋子上的绳子，并将它扎在已倒入小麦的袋子上，然后把这个袋子的里面翻到外面，再把绿豆倒入袋子。这时候，把已倒空的袋子接在装有小麦和绿豆的袋子下面，把手伸进绿豆里解开绳子，这样小麦就会倒入这只空袋子,另一个袋子里就是绿豆。

3. 鉴别次品

在天平两端各放两个小球，次品的那端肯定重。然后在天平两端各拿走一个小球，如果这时天平是平衡的，那么刚才重的那端拿走的小球是次品；如果天平还是不平衡，那么现在天平上重的那端的小球就是次品。

4. 倒水的智慧

把两个杯子都倒满，然后将水壶里的水倒掉。接着将300毫升杯子内的水全部倒回水壶，把大杯子的水往小杯子里倒300毫升，并把这300毫升水倒回壶中，再把大杯子剩下的200毫升水倒往小杯子，把壶里的水注满大杯子(500毫升)，这样，桶里只剩100毫升水。再把大杯子的水注满小杯子 (只能倒出100毫升)，然后把小杯子里的水倒掉，再从大杯子往小杯子倒300毫升，大杯子里剩下100毫升，再把小杯子里的水倒掉，最后把水壶里剩的100毫升水倒入小杯子。这样每个杯子里都恰好有100毫升的水。

5. 开关和灯泡

打开一个开关，过一会关掉，再打开另一个开关，马上走到乙屋里。亮着的灯泡的开关就是第二次打开的开关。然后用手摸两个没有亮的灯泡，因为有一个开关事先打开了一会儿，所以有一个灯泡是热的，因此它就对应第一个开关。剩下的一个开关就对应另一个没有亮的灯泡。

6. 排队

站成五角星的形状，5个顶点和5个交叉点各站一个人。

7. 王子的智慧

王子可以在装有金币的盆里留1枚金币，把另外9枚金币倒入另一个盆里，这样另一个盆里就有10枚银币和9枚金币。如果他选中那个放1枚金币的盆，选中金币的几率是100%；如果选中放19枚钱币的盆，摸到金币的几率最大是9/19。王子选中两个盆的几率都是1/2，所以，根据前面的两项几率，得出选中金币总的几率是100%×1/2＋9/19×1/2=14/19，这样就远远大于原来未调换前的1/2。

8. 单数变偶数

SIX。

9. 火柴拼11

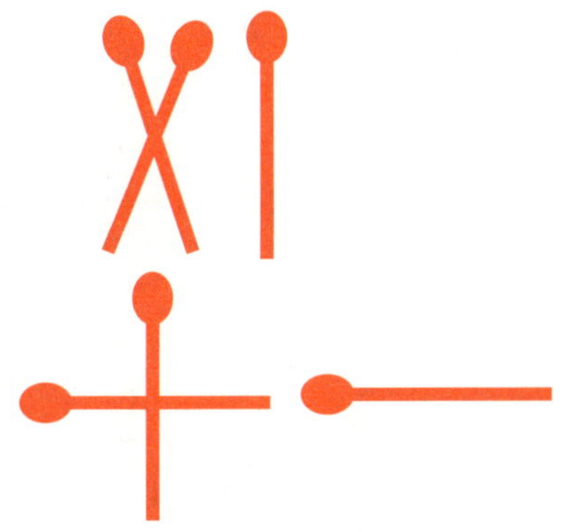

10. 谁离得近

他们离A地的距离是一样的。因为他们相遇时是在同一个位置。

11. 糊涂账

在这笔糊涂账中，关键在于第一次的1元钱已经“变”成了面条，不能再算了。吝啬鬼还应该再付1元钱。

12. 摆椅子

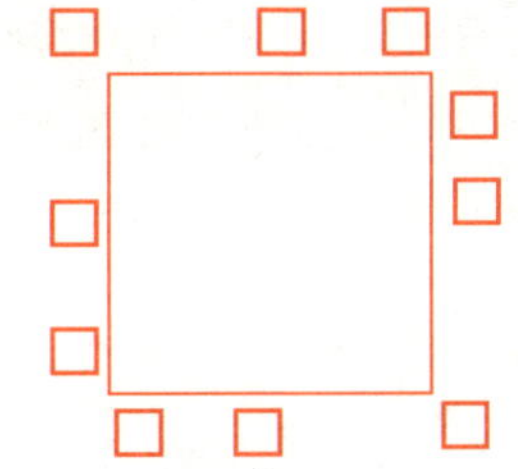

13. 冰糖葫芦

3种。

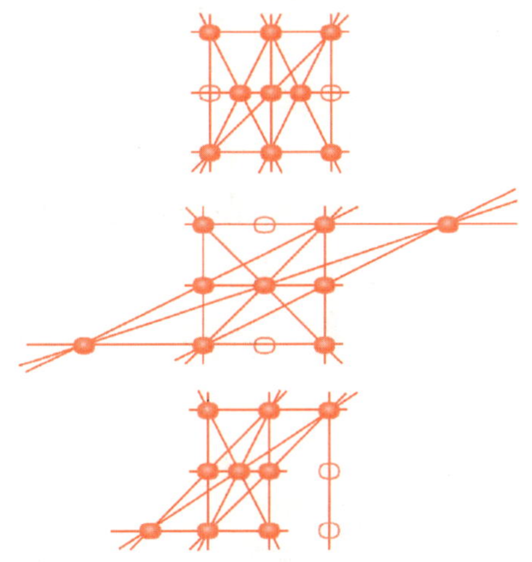

14. 糊涂的日期

今天就是星期天。他们真是够糊涂的，竟然在星期天早晨去上学！

15. 慢骑比赛

可以让两个赛手的马交换，这样，两个赛手都想使自己骑着的对方的马跑得快点。把“比慢”变成“比快”，所以比赛很快就结束了。

16. 鸡蛋的方向

蛋当然是朝下落了。

17. 洞中的小鸟

可以用沙子慢慢地把洞灌满，这样小鸟就会随着沙子的增多而往洞口外走。

18. 挑筐过桥

妞妞的爸爸把两个小孩放进两边的箩筐里，转一个身，两个小孩就互相换了位置，都过桥了。

19. 硬币入瓶

在火柴棒上滴几滴水，使水分沿着木质纤维的导管渗进去。火柴弯曲处的纤维受潮后膨胀，火柴棒自然就会渐渐伸直。这样，硬币就会自动掉进瓶子里去了。

20. 天气预报

如果事情不是发生在极圈的话，那么就不会出现太阳。因为再过72小时后，就是3个昼夜，又是半夜12点，而夜里是不会出太阳的。

21. 独木桥的走法

从南来和向北去是同一方向，他们可以一前一后地过桥。

22. 选店理发

因为镇上只有两位理发师，这两位理发师必然要给对方理发。科学家挑选的是给对方理出最好发式的那位理发师。

23. 病假

圆珠笔如果倒着朝上写字，很快就会写不出字的。

24. 几堆水果

合在一起就只能是一堆了。

25. 轿车的速度

无法确定。

因为不知道全程是多少。

26. 有趣的字谜

章。

27. 不落地的苹果

在线的中间打一个活结，使结旁多出一股线来，从线套中间剪断，苹果不会落下来。

28. 货车过桥

钢索的总重量虽然很大，但是整个重量是分布在全部长度上的。所以，可以把钢索放在地上，由货车拖着过桥，使分摊在桥上的重量不超过桥的载重量，便可以顺利通过大桥。等过了桥，再把钢索装到车上。

29. 火柴拼图形

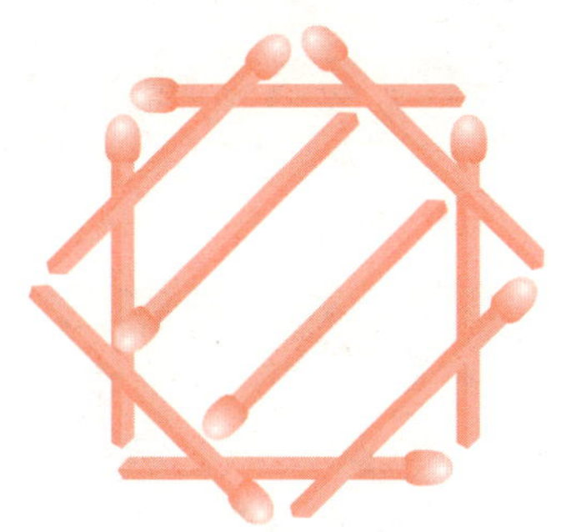

30. 大力士的困惑

因为他要举起的是他自己。

31. 奇怪的数字

8（上下一半）。

32. 人口比例

不可能。

按照统计规律，全部妇女所生的头胎中男女比例各占一半。如果母亲生了男孩就不能再生孩子，而生女孩的母亲仍然可以生第二胎，比例是男女各占一半。生男孩的母亲退出生育的队伍，生女孩的仍然可以生第三胎。在每一轮比例中，男女的比例都各占一半。因此，将各轮生育的结果相加起来，男女比例始终相等。当女孩们成长起来成为新的母亲时，上面的结论同样适用。

33. 世纪的问题

是20世纪。21世纪是从2001年1月1日开始的。

34. CD的纹路

一张CD唱片只有一条纹路。

35. 反身开枪

题目只是说把帽子挂起来，并没有说挂在哪里，当然可以把帽子挂在枪口上，这样就能轻松做到了。

36. 冷水的时间

温度高的一杯冷得快。不信，你可以亲自试验一下。这就是姆潘巴现象。冷却的快慢不是由液体的平均温度决定的，而是由液体上表面与底部的温度差决定的。热牛奶急剧冷却时，这种温度差较大，而且在整个冻结前的降温过程中，热牛奶的温度差一直大于冷牛奶的温度差。上面的温度愈高，从上面散发的热量就愈多，因而降温就愈快。

37. 回到原点

地球。在地球上你随便往上空扔一个小石头，它都会回来的。

38. 南辕北辙

可以倒行汽车3公里。

39. 牧师的趣题

对平面图稍加观察，就会感觉这不可能有解决方法，因此，我们不得不从题目中所给的实际条件中寻找漏洞。如果牧师可以绕过河流的源头，他就可以在去教堂的路上通过每座桥，而且每座桥只通过一次，如图所示。我们可以发现，题干中并没有排除这种可能性。尽管这幅平面图显示了所有教区内的桥梁，但是只是教区的“部分”平面图。题中并没有说明河流的发源地不在教区之内，我们必须这样假设，因为这是唯一的解决方法。应该注意的是，很显然题干干扰了我们考虑绕过河流源头的可能性，因为它说“向南蜿蜒几百英里后汇入大海，”而没有教区可以伸展到一百英里之外。

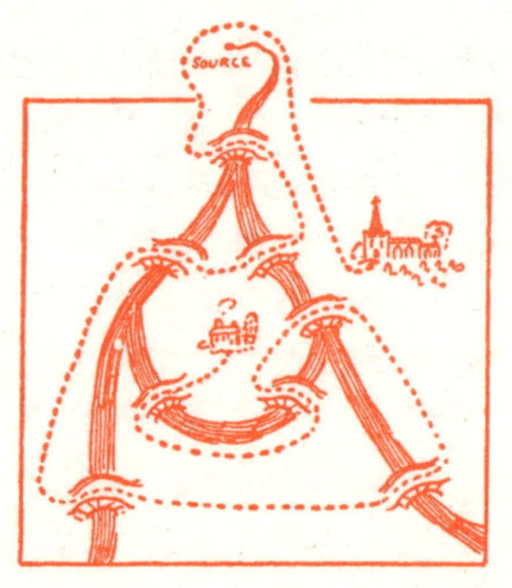

40. 城堡的窗户

这扇窗户每边均长一英尺，那么八个三角形格的边长均为半英尺。题目并没有告诉你这扇窗户必须是正方形，因为那肯定是不可能的。

41. 木头塑像

可以做一个盒子，盒子的内部尺寸和木头的原有尺寸一模一样，即三尺高，一尺长，一尺宽。然后把刻好的塑像放到盒子里，并把空出的地方填满了干燥又细腻的沙子，然后小心地摇动使沙子紧实，直到再填不进沙子为止。最后拿出塑像，小心不让里面的沙子流出来任何一粒，结果，里面的沙子的体积正好就是削掉的木料的体积。

42. 周游英国

这道趣题中有个小小的文字游戏。你如果按照最初的理解来做，发现根本就不可能完成这个任务时，那么就应该好好检查一下题目的文字表述，以找出其漏洞。题上说：“如果他除了坐火车之外，也可以坐汽车的话，这倒是很容易了，但是他却不这样做。”

虽然这个人不能乘汽车行进，但是并没有说不能乘水路啊！因此，如果我们再仔细看一下地图，我们会发现有且只有两座城镇是在海边。当他到达这其中的一座城镇的时候，可以乘近海航船到达另一座城镇。附图中用粗线划出了完整的旅行路线图。

43. 字母谜题

E与其他字母不同，A、I、O、U左右对称，而E不能。

44. 天平

天平最终是平衡的。冰在高温下一溶化，西瓜那端就会下沉滚走，冰化成水后也会流走，剩余的水也在高温下蒸发了，天平最后是当然依然保持平衡。

45. 巧装棋子

在第1、第2、第3个盒子中各放入13枚棋子，第4至11个盒子中各放3枚棋子，第12个盒子中放入37枚棋子，这样刚好100枚棋子，每个盒子里的棋子数字中都有一个“3”。

46. 路径谜题

有17种走法。

47. 马圈趣题

如果你够聪明，肯定已经想到用层层嵌套的方法：把一个马圈套在另一个马圈里头，如图所示：

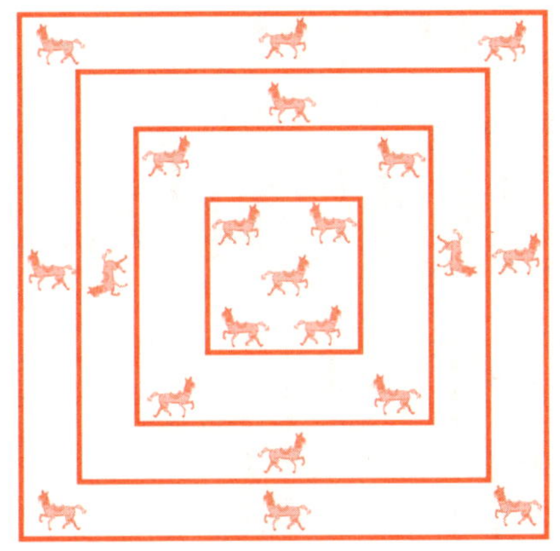

48. 1～8的魔方

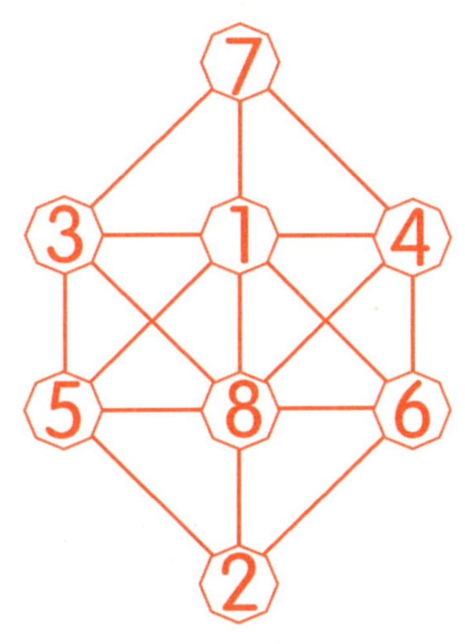

49. 聪明的少校

50. 水果密码

进攻。

51. 丑小鸭变天鹅

52. 翻转符号

3列：第一、第三和第六列。可以通过观察星号的位置猜出来。

53. 6个3

3.3+3.3+3.3≈10。本题的难点在于对“.”的运用。一般的，我们能想到“.”可能是小数点，如3.3，可能是乘法符号3·3，可能是比例符号，如3：3。可是这些符号能组成3：3·3：3+3·3=10，可它与题目中的“无限接近”10不相符合。那么，如何体现“无限接近”10呢？这要从“……”中想办法，这样“.”作为循环小数的循环节就不难想到了。至此，问题也明朗了：3.3+3.3+3.3≈10。

54. 改错题

23−7+1−14=3

55. 智力大比拼

56. 谁说你不是天使

L	E	A	G	N
A	N	L	E	G
N	L	G	A	E
E	G	N	L	A
G	A	E	N	L

57. 逃狱路线

58. 移棋子

最少的移动次数是八次。

移动的次数从1号棋子开始算，分别是：

1次 + 2次 + 1次 + 1次 + 2次 + 1次。

59. 出现过多少次5

16次。1:05——1:45共5次，1:50——1:59有11次，所以有16次。提醒你一下，1:55有2个5哦！

60. 消失的字母

字母D不在里面。

61. 最大和最小

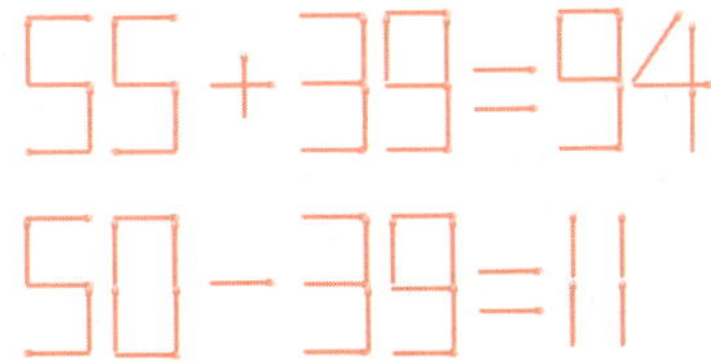

62. 大挂钟

55秒。记住，钟敲了12下，但时间的间隔只有11下，所以为55秒。

63. 哪只鸭子先上岸

位于下方的鸭子先上岸。鸭子上岸时，先要抖掉身上的水，再用嘴梳理羽毛。

64. 你能从A走到B吗

很简单的问题，可是你是不是在怀疑这本书印刷错误，因为从迷宫中不可能走过去的。但是，我们的问题是从A走到B，没有规定从哪儿走。所以答案只是一种走法，现在你可以有更多的方向了。

65. 糊涂的班长

如图所示，以圆圈为士兵，两条线为瞭望口。只要有8名士兵，就可以让班长从瞭望口中查看时看

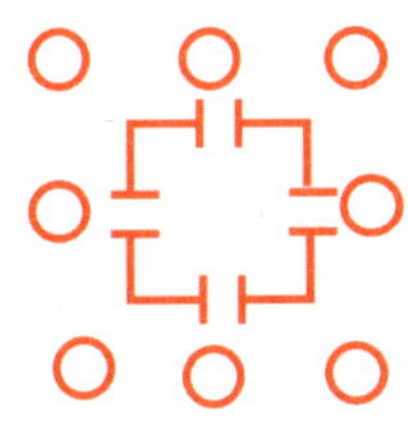

到城堡四面都有3名士兵，另外4名士兵就可以悠闲地去打猎了。

66. 射瓶子

甲3枪：

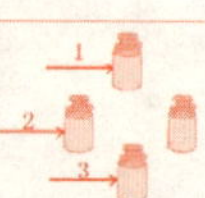

乙2枪：

丙：把桌子的一条腿射断了，桌子倒了，桌上的瓶当然全部不能自保喽。

67. 巧进城堡

詹姆斯趁守门人出来巡视的间隙，快步走进城门，当守门人出来巡视时，又转身向回走。守门人误认为他想溜出城去。于是就把他赶进了城堡。

68. 快速建楼房

只需要将本页纸转动90° 即可。

69. 查账

170。如果是小数点的错，账上多出钱数是实收的9倍。所以153/9 = 17，那么错账应该是17的10倍。找到170元改成17元就行了。

70. 铁球与水

当然水位下降了。因为铁的比重远大于水，当铁球放在小塑料盆里时，所排走的水的重量等于铁块的重量，体积大约为铁块体积的7.8倍。而铁块在水里所能排走的水量仅等于铁块的体积，所以水位会下降。

71. 最少几次

两次，怎么样，想不到吧！有点撞大运的感觉，因为第一秤有可能拿到那只不一样的瓶子。第二秤确定不合格的瓶子是重是轻。

72. 倒水

把桶倾斜，使桶的两个顶角与另两个底角处于同一水平面上。此时水的体积正好是5升。

73. 变空水壶

随便你怎么做都可以，比如把水一下子泼在地上。看好了，题目并没有限制这样做。

74. 罐子里的糖

一颗。放了一颗糖块以后，罐子就不是空罐子了。

75. 选择死法

这个人选择了“老死”。

76. 几枚邮票

每打总是12枚，不会因为面值的变化而变化。

77. 聪明的焊工

可以加热氧气瓶，使里面的压力升高，氧气就能继续输出。当然，这只是应急之法，因为这样得到的只是剩余的一点点氧气。

78. 月份相连

7月和8月，

12月和1月。

79. 兔子的数量

当然只剩下一只死兔子了。其他兔子都跑了。

80. 鱼缸不溢

这可能吗？你可以试试看，把小金鱼放进去，水同样会溢出来。而你是不是在想类似“因为金鱼有鳞片，或者金鱼把水喝到肚子里去了”等答案呢？

这是曾两次获得诺贝尔奖的居里夫人小时候做的一道题。培养我们的创造性思维，不要迷信某种解题技巧，而是要遵循科学规律，亲自动手试一试。

81. 如何计算

8站。确实很简单吧，但你是不是在费尽心思计算车上还有多少人呢？

注意力是有选择性的，当人们注意某项活动时，心理活动就集中于这一活动，并抑制与这一活动无关的事物。所以，我们在做一件事情的时候，要把注意力集中到主要的任务上，这样才能事半功倍。

82. 动力

机械表的动力来自一组扁平的弹簧圈，称为发条，分为手工上弦与自动上弦两种，而自动上弦是依赖自动盘的力量运转的。但是无论哪种机械表，上弦都要靠人来做。所以，机械表的动力是人力。

83. 敲门的人

女人。题目说的是地球上唯一存活下来的“男人”，女人还是存在的。

84. 互看脸部

“一个面向南，一个面向北站立着”，如果你认为两个人是背对背而立，那就得不到答案了。两个面对对方站立的人，也同样可以一个面向南，一个面向北站立啊。

85. 司机应急

从其他3个轮胎上各取下1个螺丝，用3个螺丝去固定刚换下来的轮胎。

86. 摘苹果

他没有双眼，但有一只眼睛。他看到树上有两个苹果，摘下一个并留下一个，所以他摘下了苹果又留下苹果。

87. 反插裤兜

把裤子前后反穿。

88. 永远坐不到的地方

可能。爸爸永远都坐不到他自己的腿上。

89. 月亮游戏

后羿用箭射的当然是太阳，但很多人未经思考就会做出反应，回答说“月亮”。这就是思维惯性的影响。

90. 喂什么

简单吧，当然是喂草了。而你的朋友很可能会把“喂什么”听成“为什么”，还在千方百计地想“为什么这头牛有两只耳朵、四条腿，还有一条尾巴”。

91. 正反都一样

1961，100，101，96，69，11。

92. 不能在夜间吃的饭

夜间吃的是晚饭，所以早饭及午饭不能在夜间吃。千万不要想成是馒头、米饭以及稀饭之类的东西。

93.相向同速

当竞赛汽车装在火车上的时候。

94. 发生了什么

世界上又多了一个人。

95. 买东西

直接说出来要买剪刀。你是不是想说用手做剪子状比划呢？错了，因为瞎子会说话，不需要用手比划。

96. 火柴落地

火柴从高处落地后会滚动，是因为火柴的形状细长，稍有侧力就会滚动。其实，只需要改变火柴细长的形状就行了。比如把火柴从中间折弯，落地后就不滚动了。

97. 火车的位置

毫无疑问，火车应该在铁轨上。

98. 狗狗赛跑

都不流汗。

狗的皮肤汗腺不发达，所以即使是在大热天或运动之后，也不会出汗。狗经常伸出舌头喘气，让体内部分水分由喉部和舌面排出，这是狗散发体内热量的一种方式。

99. 取出药片

很简单，只要把瓶塞按到药瓶里面去，就可以取出药片了。

100. 立鸡蛋

只要拿起鸡蛋往桌上一磕，把下面的蛋壳磕破了，就能把鸡蛋稳稳地立在桌面上。

101.洞里的土

既然是一个洞，怎么会有土？所以，洞里没有土。

102. 猜猜我是谁

“我”是一只狗。狗可以吓跑欺负主人和主人的朋友的人，但它却害怕人拿砖头。

103. 轮胎如何换

如果给8个轮胎分别编为1～8号，每5千里换一次轮胎，配用的轮胎可以用下面的组合：123（第一次可行驶1万里），124，134，234，456，567，568，578，678。

104. 蚂蚁通行

由一只蚂蚁把沙粒拉出凹处，放在通道里；然后另一只蚂蚁进入凹处；再由那只蚂蚁推着沙粒过凹处后暂停；然后另一只蚂蚁爬出凹处，沿通道爬走；最后那只蚂蚁将沙粒拖回凹处，自己走开。

105. 如何过河

先把狗带到对岸，然后返回，把一只小羊带过去，顺便把狗带回原岸，把另一只小羊带到对岸。然后再返回，把狗带过去。

106. 称糖

分别把3块糖设编号为1，2，3。我们可以先称出1号和2号两块糖的重量，然后再把 3 号糖放上去，称出这3块糖总的重量。这样，用它们的总重量减去1，2两块糖的重量，就得到了3号糖的重量。以此类推，可以分别称出 1 号，3 号糖的重量和 2 号，3 号两块糖的重量，用总的重量去减，就得到了 2 号和 1 号糖的重量。

107. 同颜色的糖块

拿3块，可能红、黄、蓝各一种。只要抓取4块就一定能确定有两块同样颜色的糖。

108. 怎么回事

父母之命是父亲下的（父亲当时也在房间里），而不是母亲下的。

109. 竟然没事

别去想他有什么神奇的本事了，他只是做了一件连你也能做到的事，即他是从座椅上跳到了机舱里，当然不用担心安全问题了。

110. 虚假证供

因为衣柜里放有樟脑丸。如果真像别墅主人所说，两年已没有在这里住过，那么放在衣柜内的樟脑丸早已挥发完了。

111. 雪夜疑案

因为鱼缸里的热带鱼还在游动。在寒冷的夜里停电，鱼缸里的水会变得冰冷，热带鱼是必死无疑的。

112. 自杀疑案

死者若是自杀，他拿枪的手必然露在毛毯外面，而他的手却在毛毯里面。可见，是有人杀了他后给他盖上毛毯，伪造了现场。

113. 火柴的减法

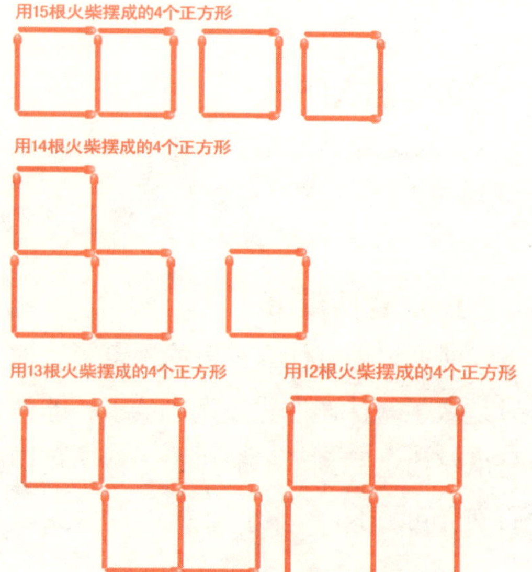

114. 盲人分袜

幸好搞混的是袜子。袜子不分左右的，所以两人只要各取每一双袜子的一只，一共4双白袜，那每个人就得到4只白袜，组成两双白袜；一共4双黑袜，每人得到4只黑袜，组成两双黑袜。

115. 智者的趣题

把左边的小圆画在极远的右边。如图：

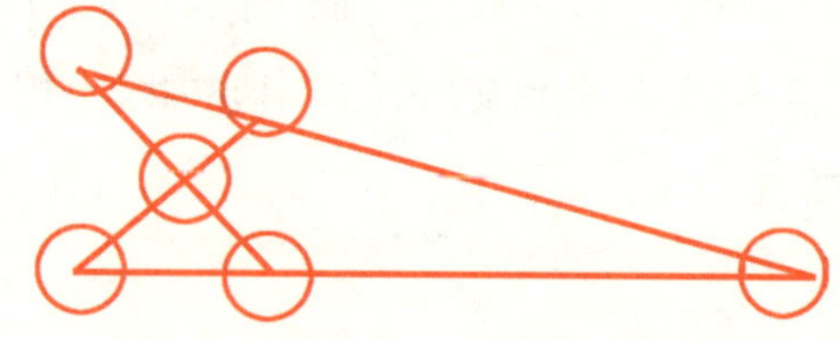

116. 使等式成立

$1\times2+3+4\times5=6\times7-8-9$

117. 戴墨镜的杀手

如果有人戴着墨镜从寒冷的室外进入热气腾腾的室内，镜片上会蒙上一层雾气，根本无法看清屋里的人。

118. 如何通过（1）

如图所示，撞到墙后再转弯。

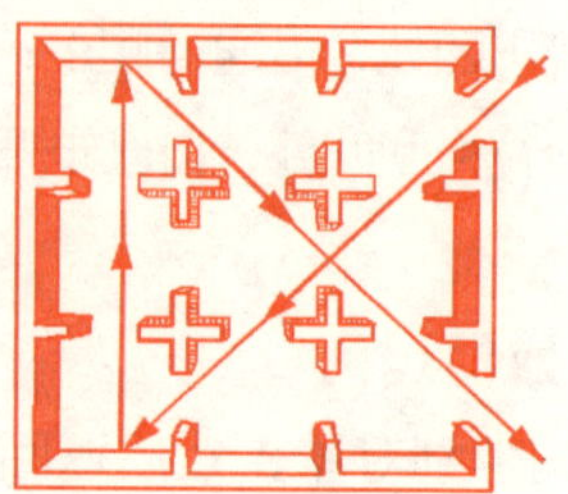

路上。这样一来，强盗车可以不必经过B地而安然逃走。

129. 神秘的触电死亡

这位昆虫学家是触到电鳗鱼死亡的。电鳗是淡水鱼，分布于南美的亚马逊河和奥里诺科河，身长达2米，它们在觅食或防御进攻时，会放出强大的电流，可产生300–800伏的电压。

130. 字母迷宫

All good things must come to an end。

131. 3个砝码

当然能，用1千克、5千克、8千克三个砝码即可。

132. 超车之谜

小汽车已经沿湖跑了一圈，又快追上慢腾腾的小货车了，所以掉在小货车的后面。

133. 骡子下驹

农夫纯粹是撒谎，因为骡子不能下驹。

134. 图形的奥秘

这是不可能的，如果你不信就自己动手试一试。

135. 星星的摆法

这4颗星星连在正方形的三条边上。

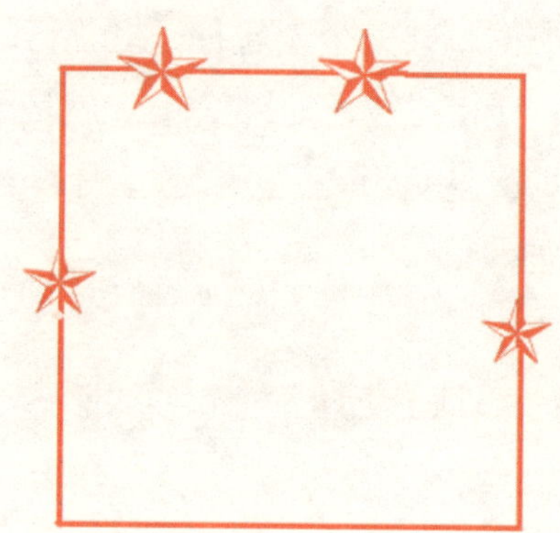

136. 4线连9点

很多人都觉得这四条直线一定都在点上转折，所以连不出来。事实上，完全可以把直线画出九个点之外再转折。如图：

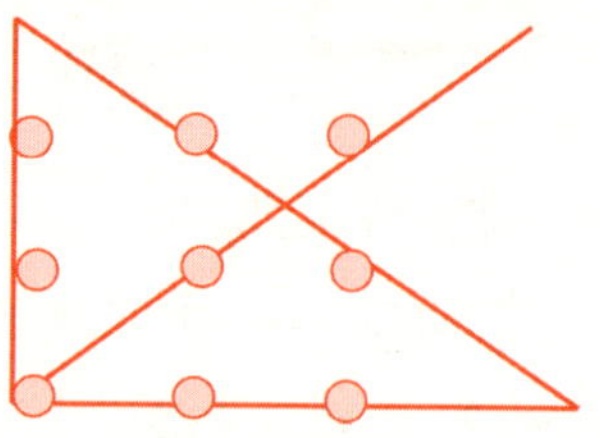

137. 横竖都是6

看起来把10枚硬币按照要求摆是不可能的，但题目并没有限定每个位置上只准放一枚硬币啊，你可以在“十”字的中心位置摆两枚硬币，这样10枚硬币不论横竖就都是6枚了。

138. 毛毛虫的任务

把纸的一端稍微卷起来紧挨着纸的

一面，这样毛毛虫就能顺利地从纸的一面爬到另一面去。当然完成这个任务毛毛虫需要请求别人的帮助。

139. 扩大水池

140. 飙车

两兄弟交换了彼此的摩托车。

141. 10根变9根

用剪刀将图中的平行线沿对角线剪断，把右半部分沿切口往下移一根线，就变成9根了。

142. 直尺测牛奶

先把牛奶瓶正放，用直尺量出瓶子里牛奶的高度；再把瓶子倒过来，量出从牛奶的液面到瓶底的高度。牛奶在瓶子圆柱形部分占的高度和第二次量的空出部分占瓶子圆柱形部分的高度相加，就是整个牛奶瓶容积的圆柱体高度。这样，就可以用牛奶的高度占整个牛奶瓶高度的百分比算出牛奶占整个瓶子容积的百分之几了。

143. 巧摆硬币

把最右边的那枚硬币叠置于左上角的那枚硬币上。

144. 倒硫酸

往瓶里放大小不同的玻璃球，使液面升到10升的刻度处，然后往外倒至5升刻度处。这是利用玻璃球不被硫酸腐蚀的特点。

145. 取滚珠

由于塑料管是软的，可以把塑料管弯过来，使两端的管口互相对接起来，让两颗浅颜色滚珠滚过对接处，滚进另一端的管口，然后使塑料管两头分离，恢复原形，就可以把深颜色滚珠取出来。

146. 书的厚度

3毫米。你的计算是不是把所有的厚度都相加呢？要知道，题目中已经提到了，这是两本线装古书，按照古书的设计，是向右翻页的。所以，从上册封面到下册封底的距离只有1.5毫米＋1.5毫米=3毫米。

147. 胜利的秘诀

只要第一个拿走桌子上的3枚硬币便一定能赢。

148. 哪里都热

正确。

由于地球是自转的，6个月前，旅行家在南半球过夏天，那时候广州是冬天。

149. 房子的位置

北极或者南极。

150. 信不信由你

那件事情就是："你将在方框里写上'否'"。

151. 区分红绿豆

锅里只炒一粒红豆和一粒绿豆就行了。如此简单的问题，为什么很多人想不出答案呢？原因就在于这个问题突破了人们日常的思维定式和思维习惯。所以，我们在以后的工作或学习过程中，一定要打破思维定式，那样，更有创意的想法就会自然而然地冒出来了。

152. 转换方向

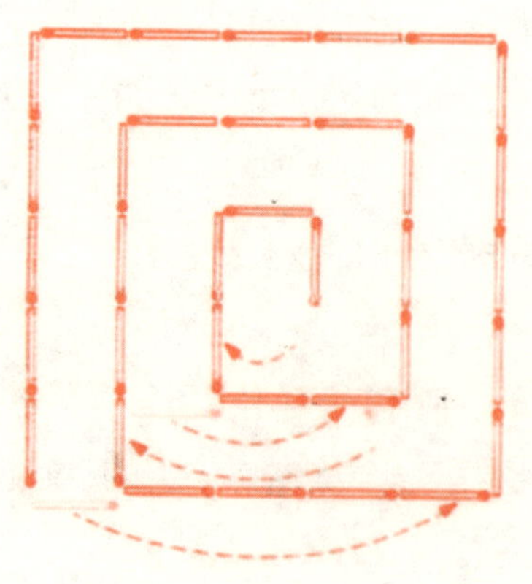

153. 切木墩

切6刀。

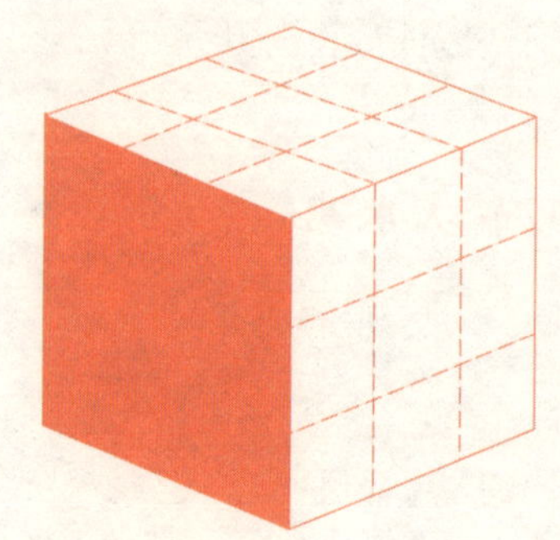

154. 互相牵制

155. 斯芬克斯谜题

答案是人。

早晨，象征人刚出生的时候，是靠腿和手爬行走路的，所以早上起来的时候四条腿；中午象征是人到了中年，是两条腿直立行走的，所以中午两条腿；晚上三条腿就是指人衰老的时候要借助拐杖走路，那么这个拐杖就形成了人的第三条腿，所以晚上三条腿。

156. 喝酒

一个"瓶子"也没有喝。

157. 8根火柴

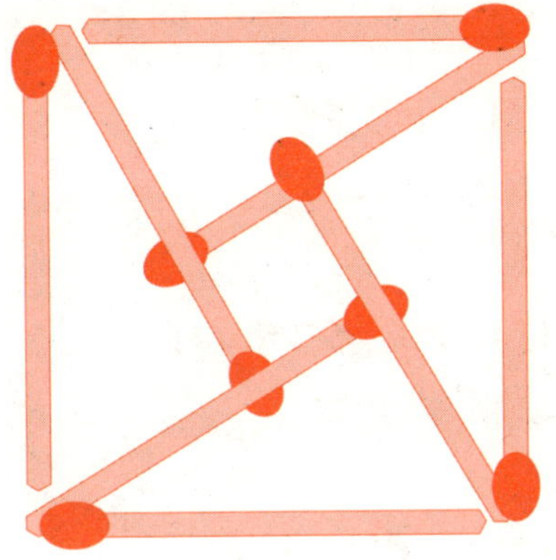

158. 飞回原地

他们说的都不对，因为飞机越过南极和北极之后，就会改变方向。

159. 骤变的体重

完全有可能。最轻的时候是他出生的时候。

160. 小熊猫的任务

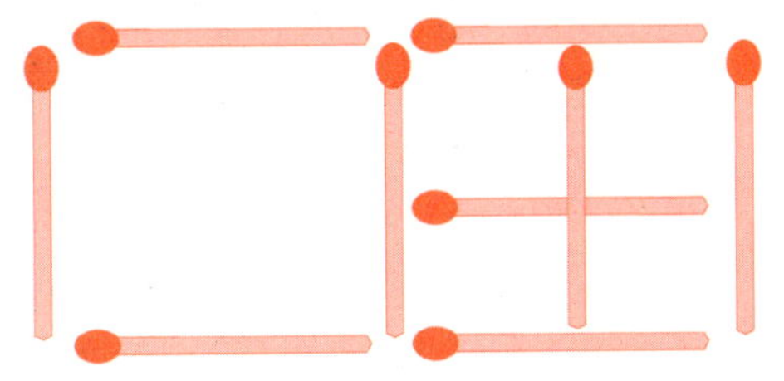

161. 分蘑菇

老猴子先让兔子A将蘑菇平均分成两份，然后由兔子B先在两份中挑选一份，剩下的那份就留给兔子A。因为蘑菇是由兔子A分的，这两份在他的眼中当然都是一模一样的。两份蘑菇在兔子B眼中肯定是大小不一样的，所以他挑走了那份他认为比较大的。

162. 自驾旅游

有可能。比如：小丁的车先慢下来，然后加大油门加速追赶。

163. 谁的孩子

他们都没错，很可能是你搞错了。第一个人是第二个人的爸爸，第二个人是第一个人的女儿。

164. 消失的火柴

移动三角形上面的两根，变成一个减号和一个等于号，正方形减正方形就等于0了，所以就都消失了。

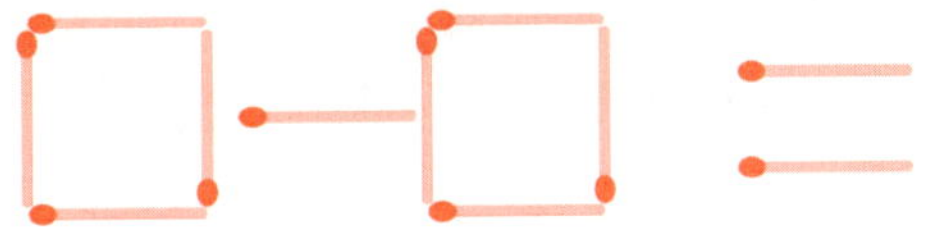

165. 一字多用

可以用“打”字代替。

166. 来回的疑问

这道题容易给人造成一种错觉，以为是一个很复杂的问题。其实想一想就会明白80分钟和一小时又二十分钟一样长。

167. 指针重合

一般说时针和分针重合，是指位置的重合。但题目中指的是“完全一点不差的重合”，时针和分针能达到这个要求吗？不能。所以，不论走多少圈，一次也不会完全重合。

168. 木船过桥

只要在船上加些诸如石块等重物，使船下沉1厘米，就可以安全地通过桥洞了。

169. 按计划行事

按照计划，第六天读了20页。

170. 巧移火柴

9×9-20=61

171. 园丁的妙招

这道题考的是一个创新思维，关键是看你会不会颠倒思考问题，一味地想要把巨石搬到小岩石上。为什么不把小岩石放在巨石下方呢？新来的园丁指挥大家用铲子挖开巨石下方的土壤，把一些150公斤左右的小岩石放进去就可以了。

172. 手准的可可

毫无疑问是1/2。

无论谁来抛，也无论抛多少次，这个几率是不会变的。千万不要让惯性思维把你带入陷阱。

173. 要走多少步(1)

至少需要15步。

174. 要走多少步(2)

至少需要20步。

175. 象棋与成语

丢车保帅　车水马龙　一马当先　身先士卒　自相矛盾　如法炮制　调兵遣将　行将就木　兵荒马乱

176. 梁山英雄

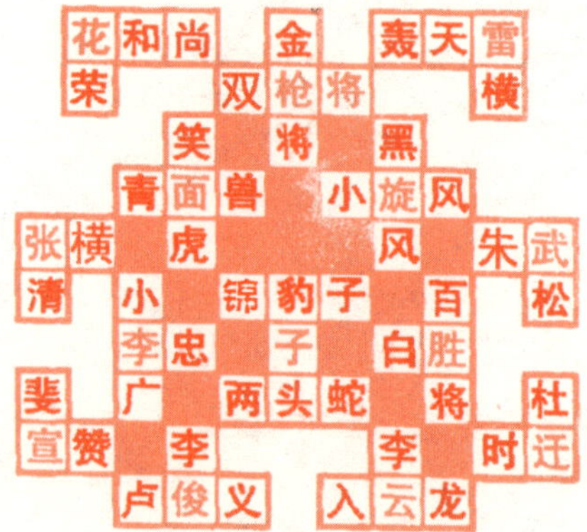

177. 旗杆上的蜗牛

毫无疑问，只有知道旗杆的高度，才能做出解答。休爵士的身高正好是6英尺。从原图中可以发现休爵士的身高正好是其影长的两倍。因此，我们都明白，在同一时间同一地点，旗杆的高度也将是其影长的两倍。旗杆的影长和休爵士的身高相等，即六英尺长，所以旗杆的高度一定是十二英尺。那么，这只蜗牛百天向上爬三英尺，夜里滑下来两英尺，实际上一天二十四小时的时间内只上升了一英尺。第九天结束时，蜗牛距顶端还有三英尺，所以它会在第十天到达终点。

178. 能组成多少种图形

可以组成14种。如下图。

179. 一题三解

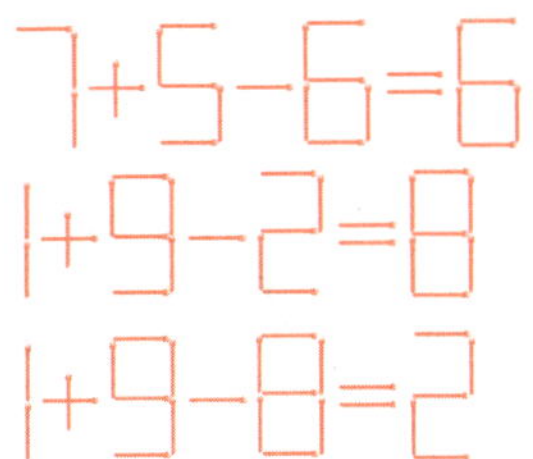

180. 五格拼板

12种图案。如果你认为你找到的数目超过了12，你会发现，经过旋转或翻转，有些是相同的。

181. 泳道有多长

刚好等于圆形场地的半径，50米。用图解析立即可知。

182. 倒走的分针

3／7小时后这台时钟会再一次正确显示时间正常时钟的分针每小时走一圈，即360度，每分钟相当于6度。六点半时时钟的显示是正确的，下一次时钟正确显示时倒走的分针又落在正确的位置上，假定其间的时间为N分钟，如果分针行走正常，它将沿顺时针方向走6N度，现这倒走的分针沿逆时针方向则走80N×6／60＝8N度，两者之和正好是一圈360度：

$$6N+8N=360$$

$$14N=360$$

N＝180／7分钟＝3／7小时，即3／7小时后这台时钟会再一次正确显示时间。

183. 砖块谜题

不管你走哪条路，都至少需要经过5个白色砖块。所以接下来你只能从5行白色砖块自由选择3个。因此这时问题就相当于，要将3颗球任意放进5个袋子，有多少种放法?

将全部3颗球放进一个袋子有5种方法：将其中2颗球放进1个袋子有5×4种方法，3颗球都放进不同的袋子有（5×4）/2种方法。因此，答案是：5＋20＋10＝35种。

184. 凶手的身份

詹姆是看了信上的日期后，才推断

凶手可能是美国人。因为英国人写时间是先写日期，再写月份的。但美式写法则刚好相反，是先写月份，再写日期的。

185. 他是窃贼吗

窃贼用纸口袋装来一只他养的信鸽，行窃后，他将邮票绑在信鸽脚上，从窗户放飞信鸽，将邮票带回了家。

186. 男同事和女同事

主席台上一共站了13人，女员工有4人，老田是男的，小王是女的，他们都没算自己。

187. 互不相交

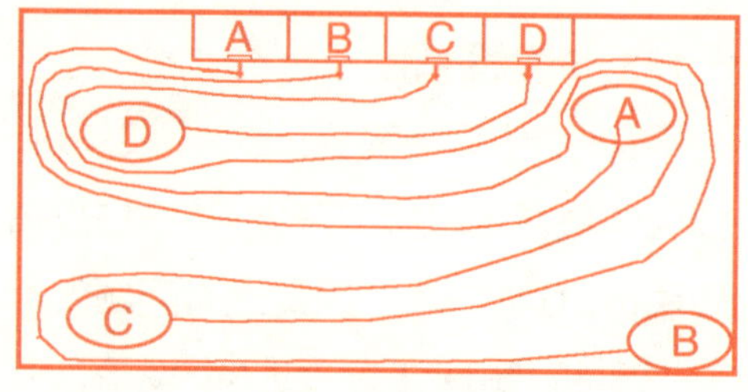

188. 一张扑克牌

“牌”与“π”谐音，π即圆周率3.1415926……一般取3.14计算。数学家用π的数值提醒人们，罪犯是住在这间酒店314号房间的人。

189. 只有1和0的数列

111，1000。这是电子计算机的计数用的是二进位位制，写法只有二种数字：0与1。我们所熟悉的1，2，3，4，5，6用二进位的写法，则变成了1，10，11，100，101，110。所以后面应该是7和8的二进制写法。

190. 哪个的面积大

三边是3、4、6的三角形的面积大。也许你还想去求两个三角形的面积，然后比较大小，两者的面积不那么好求哦。其实本题根本不用去求三角形的面积，3、4、6能构成一个三角形，它的面积不为0；而300、100、700不能构成一个三角形，只是一条长的线段，当然面积为0了。所以，三边是3、4、6的三角形的面积大。做题时，可要先好好分析一下！

191. 鸡与蛋

当然是先有蛋。为什么？请你再看一下题目，题中问的是“蛋”，而不是非鸡蛋不可。爬虫类也会下蛋，它们出现比鸡要早好多万年。所以当然是先有蛋了。

192. 门上的洞眼

如图所示：很多人一想得某物塞住某物，一般地将它想象成一块没有变化的，形状单一的立方体。如果能将思维发散，将它们想成不同的平面，就能设计出第一个木塞。如果再将思维发散，

119. 苹果找差别

第一筐拿一个；第二筐拿两个……如此类推，共55个一起秤，把称得的重量和55斤相比较，如果差0.1斤就是第一筐轻了；差0.2斤就是第二筐轻了……如此类推。

120. 添1变18

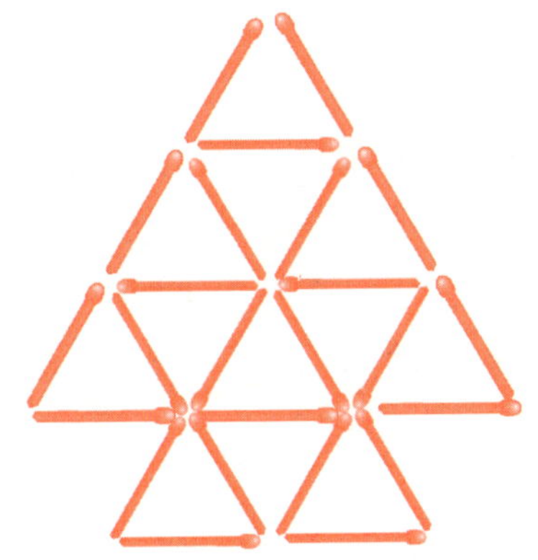

121.火车与大风

现在电动机车不像以往的蒸汽机车，它不会喘气冒浓烟了。这道题目与你开了个玩笑，不过它很能考你的反应能力和观察思考问题的能力哦。

122. 掉在井里的鸟

不能。因为鸟的飞行原理与一般飞机相同，必须有足够长的飞行空间。它学不了直升飞机，所以只能“坐井观天”了。

123. 比大小

（1）$1^{111}>111^{1}>1111>11^{11}$；

（2）$9^{99}<99^{9}<999$；

（3）$[(5\times5)\div(5\times5)]^{5}=1$。

124. 做手术

你绝对错怪他了！他的妻子是外科医生，正在给病人做手术。

125. 三角形管线

也许你会有点惊讶，因为还是蓝色的那一面朝上。这是这个几何图像看来很有说服力的原因，虽然它不可能被实际制造出来。

126. 布满镜子的小房

也许你会想，你能看到无数个自己，其实你什么也看不见。因为没有光线能射进房间里面，到处一团漆黑，你有火眼金睛也看不见什么。

127. 两个太空人

当然能。只要他一直往前走，超过1公里就行。在他走过的路线上，绝对有一点与他出发点的距离恰好一公里。

128. 深夜里的神秘故事

强盗中途利用吊车改变了路程。在立体交叉路口，用吊车把强盗的车吊起，放置在高架式公路底下的另一条公

将不同的平面各按不同的角度进行组合，很容易设计出第二个木塞。

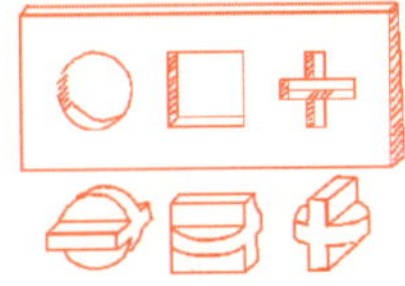

193. 能淹没几级绳子

不能。皮皮忘了水涨船高的道理。因为潮水上涨了，船也随之升起，船与绳子连在了一起，绳子当然也随着上浮。水涨多少，它们上浮多少，依然是最下面的一个手帕接触到水面，所以他测不出来。

194. 如何通过（2）

从⑦号房间开始就可以到达。

如图，只有连接⑦的⑧的线条数为奇数，⑧号是卧室，所以从⑦号房间出发可一次通过所有的门。顺序可为：

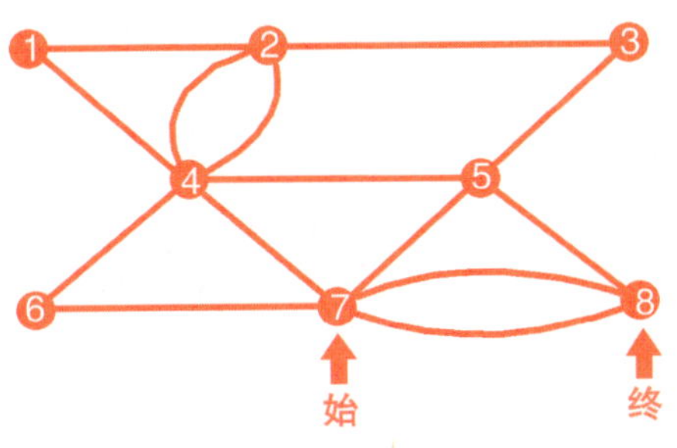

195. 奇妙的摩比斯带

不能。

摩比斯带只有一个边及一个面。

196. 组最大数

99742。你答对了吗？

197. 糊涂的卖葱人

要知道，葱原本是1元钱一斤，也就是说，不管是葱白还是葱叶都是1元钱一斤。而分开后，葱白却只卖7角，葱叶只卖3角，这当然要赔钱了。

198. 真假之辨

打开窗户，让蜜蜂飞到房间里来。蜜蜂只采真花。

199. 爬楼梯

第5层。如果同时从1楼开始，甲到第9层时实际是跑了8层，而乙是跑了4层，恰到第5层。

200. 巧变字形

夫	丰	井	开
毛	牛	手	天
王	午	五	元
云	月	仁	王

201. 分蛋糕

舅舅的要求其实就是“太极图”的画法。

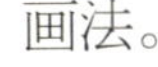

202. 鸡蛋不破

可以。只要将鸡蛋的高度拿到1米以上，然后让鸡蛋自由下落，当它下落了1米的时候，并没有碰到地面，当然不会破。

203. 分辨生熟鸡蛋

旋转鸡蛋，容易转起来的是熟的，而很难旋转的是生的。因为，煮熟的鸡蛋蛋白和蛋黄是一个整体，容易转动，而生鸡蛋的蛋黄和蛋清是液体，所以转起来比较困难。

204. 古铜镜的疑问

公元前四十二年的时候，这个概念还没有产生；汉字的公元纪年到20世纪才出现。在使用公元纪年前，是使用帝号纪年和干支纪年。

205. 谁在挨饿

不对。动物园里有2只幼熊。

206. 激发想象力

毫无疑问，答案应当是“水”，这是智力正常的人都知道的。可是，大多数人在被问到这个问题时却会错误地说“牛奶”。本题看上去与“月亮游戏”差不多，其实这里不是思维惯性，而是想象力给人的误导。

207. 不礼貌的文明人

公交车上有空座位。

208. 哪一杯是水

往杯里面加几滴水，看水滴是否和上层的液体混合在一起，能混合的即为水。

209. 黑夜看报

这个人是一个盲人，他看报是用手来“看”的。

210. 巧切西瓜

横着切一刀，竖着切一刀，再水平切一刀，这三刀就把西瓜切成了 8 块；再在靠近西瓜中心的位置再斜切一刀，在 8 块中，这一刀可以切成 7 块，这样就成了15块。

211. 飞行员的姓名

这位飞行员的名字就是“你”的名字。因为“你是从上海飞往深圳的一架飞机上的飞行员”。

212. 最先到达的地方

以上皆不是，冒险航海绕地球的是麦哲伦。

213. 奇怪的外国人

是这个外国人到中国来了。

214. 翻硬币

无论翻动多少次，都不能使硬币的另一面都朝上。

215. 火柴棒难题

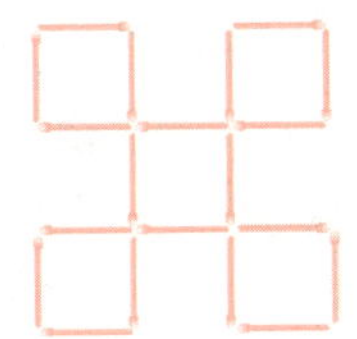

216. 摔不伤的人

虽然是20层的大楼，但没有说那个人是从哪一层的窗户往下跳的，可以从20层大楼的第一层的窗户往下跳，这样就不会摔伤。

217. 还有几条活蚯蚓

有7条蚯蚓，因为被切为两段的蚯蚓都活着。

218. 走进森林

最多走进森林的一半，因为再往前走就不是“走进”，而是“走出”了。

219. 到底是星期几

星期三。首先你要弄清楚今天是星期一，才能判断后天是星期几。

220. 找错医生

医生也可能生病，精神科医生也可能去找内科医生看病啊！

221. 快速反应

是8。

圆形是1条线，而八边形是8条线。

222. 瓶底的饮料

把吸管直接插到瓶底，这样就能先喝到瓶底的饮料了。

223. 油漆的颜色

他应该到商店买黄色的油漆。你可能会想到用红、绿、蓝3种颜色的油漆调制出黄色，但是红、绿、蓝3种颜色油漆的组合，是不可能调出黄色油漆的。红、黄、蓝才是颜料的三原色，而红、绿、蓝则是光线的三原色。

224. 烤饼

假设3张饼分别为1、2、3，烤饼的具体步骤为：先将1和2两张饼各烤一分钟，然后把1饼翻过来，取下2饼，换成3饼；一分钟后，取下1饼，将2饼没有烤过的一面贴在烤锅上，同时将3饼翻过来烤。

225. 最后的赢家

应该先在桌子的正中心放一个硬币，之后无论对方怎么放，你只要在对称的地方放上硬币，直到对方无法放置，你就赢了。

不管换成什么桌子，只要它的形状具备上下左右的对称性，你先把硬币放在桌子的正中间就能赢。

226. 有多少水

把桶半倾斜，如果水盖不住桶底又没有溢出来，说明少于半桶；如果持平，则刚好是半桶；如果水溢出来，则说明水多于半桶。

227. 冰上过河

有两种办法：一是清除河面上的积雪，使寒冷传至冰层以下；二是在冰面上浇水。

228. 喝了多少杯咖啡

一杯咖啡。

229. 两岁山

当地人把前边的“12”看做一年的12个月，把后边的“365”看做一年的365天。前后加起来，正好是两岁。

230. 点蜡烛计时间

两枝蜡烛各点燃了3小时45分钟。

231. 发现蓝宝石

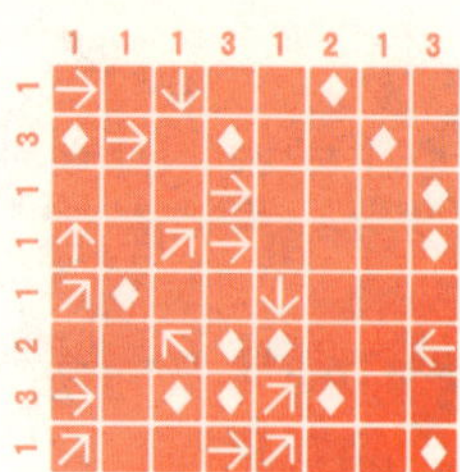

232. 分衣服

把衣服放在太阳下晒，黑色更吸光，温度更高些。所以热一些的是黑衣服。

233. 汽车过桥洞

只要给汽车轮胎放气，让汽车的高度降低1厘米，就可以安全地通过桥洞了。

234. 巧移乒乓球

由于乒乓球很轻，可可用嘴对着杯子使劲吹一口气，乒乓球就能跳出来。

235. 超重过桥

用比桥面长的钢索，系在前面与后面的两辆汽车之间，这样二者就不会同时压在桥上，便可以顺利通过大桥。

236. 美丽的伪证

司机就是盗窃犯。他用特定的方法(比如用纸做套子套在花蕾上)推迟了牵牛花开花的时间，在作案后迅速返回住处，拍摄出花开全过程的连续照片作为伪证。

237. 乘车

车上只有一位乘客，那就是皮皮，他买了票，司机和售票员当然不会向他们自己索要车票。

238. 匪夷所思

凶手开枪时，被害者正背对窗子弯

腰，子弹射穿了她的大腿后进入胸部，所以表面上看好像是中了两枪。

239. 旋转的圆圈

永远不能。是不是感觉又上当了？

240. 奇怪的量尺

只用0、1、4、6四个刻度。如图：

241. 没有这个门牌

绑匪是邮差。因为在没有门牌和真实姓名的情况下，只有他能安全收到钱，但如果是挂号就不行了，所以他要求用普通邮件。

242. 老学者与小孩

要看是怎样的桶，如果桶和水池了一样大小，只有一桶水；如果桶只有水池一半大，则有两桶水，若桶有水池的三分之一大，则有三桶水，依此类推。

243. 图形对比（1）

如图，答案有两个：②和④。其中虚线是形成环形的部分，黑影是多余的部分。

1 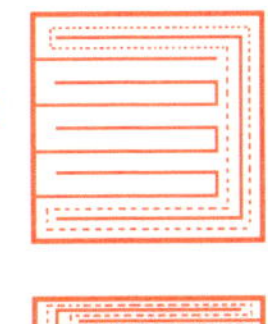

3 

2 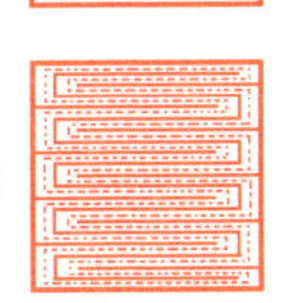

4 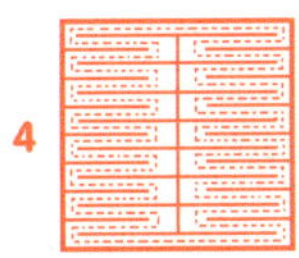

244. 提示猜想题

撒哈拉沙漠。

一共5个字，它的面积是900万平方公里。著名作家的作品，写的大部分与撒哈拉有关。撒哈拉沙漠的地表主要是干草原、沙丘、矿质荒漠和荒山等。

245. 怎样架桥

架一座宽200米的桥，自然可以斜着走直线从A地到B地了，距离当然也是最短的了。

246. 最高的人

3个人一样高。这是一幅立体空间图，之所以看起来最前面的那个人矮，是你观察的角度不一样。

247. 作业难题

35页和36页之间是不存在页码的，不信的话，你可以找本书试试看。

248. 房子朝向

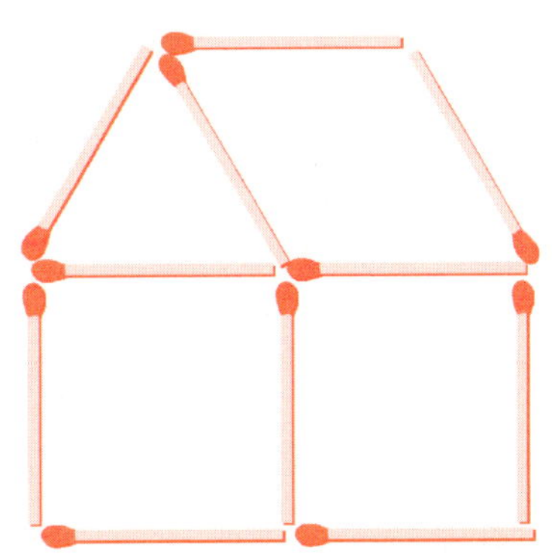

249. 不成立的等式

7+1−4=4

250. 流动的竖线

虽然我们看起来这些线段的长度是有差别的，但所有的线段长度确实都是相同的。

251. 找关系

1，3，8，7注音都是一声；2，4，6注音都是四声；5，9注音都是三声。不要看到数字就想到要用数学的解题方法来解决。

252. 一笔画图

1，2，3可以一笔画出来，4，5，6不能一笔画出来。

253. 拼积木

如图：

254. 黑度的区别

左边的黑度与右边的黑度是一样的。“模糊”可以给人在感觉上改变事物的本身的色度。

255. 立方体谜题

D图不属于同一个立方体。

256. 不交叉的路线

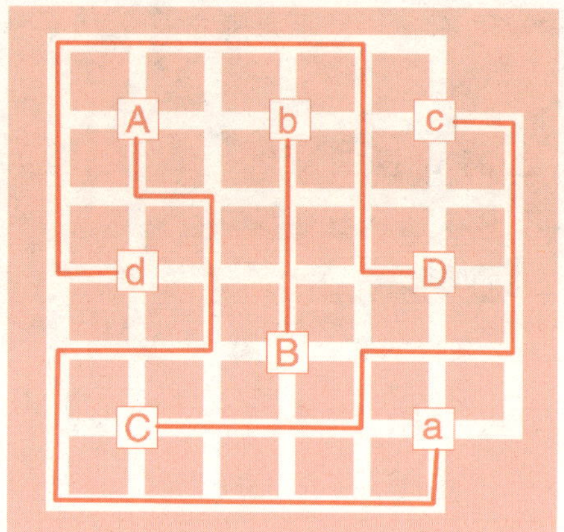

257. 微笑的女人

女人的眼睛画错了，上睫毛短，下睫毛长，嘴巴的上唇和下唇颠倒过来了。

258. 谁不一样

钳子。其他都是锯状物。

259. 残缺变完整

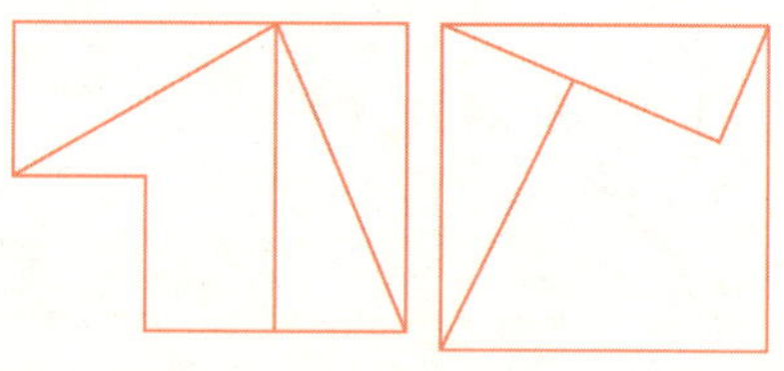

260. 解开绳子

大侦探很容易就能使他们分开。他的助手用双手抓住柯南的绳子，使他的绳子在他助手的另一侧形成一个松弛的绳圈，然后他把绳圈塞入助手手腕上的套索中。这时发现，要使绳圈不扭曲，只能穿过一只手腕。然后他把绳圈绕过助手的手指。当他把绳圈绕过助手的手并从套索中拉出后，他们就自由了。

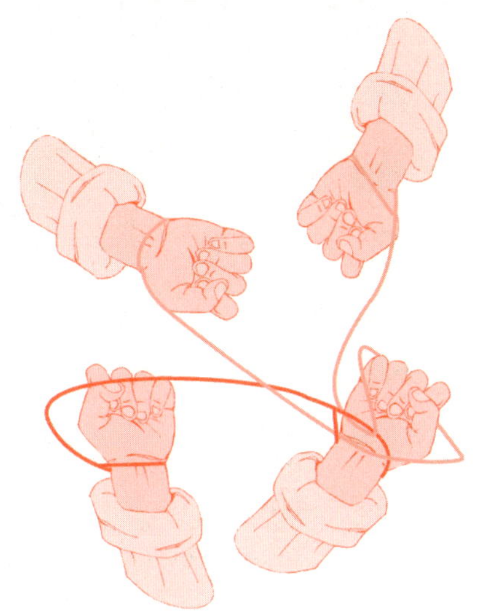

261. 反方向运动的猪和鱼

猪：2根，鱼：3根。

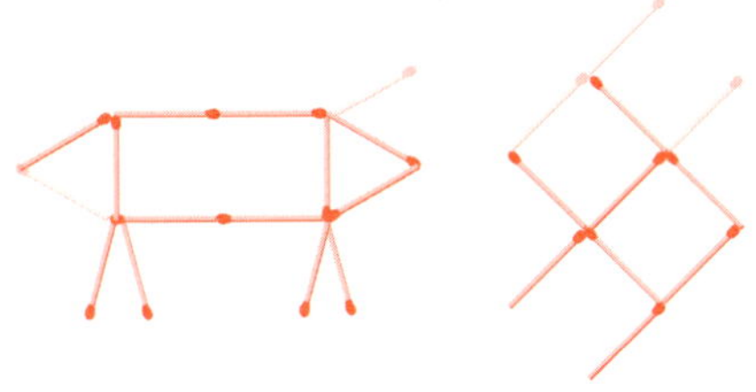

262. 三分土地

增加7根火柴。

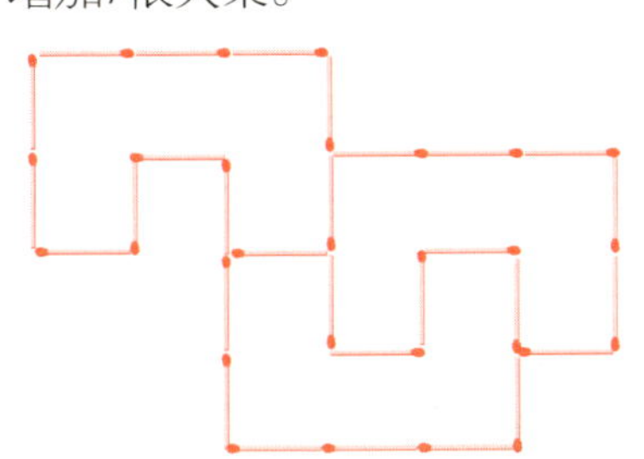

263. 贪心的老鼠

老鼠从第8扇门进去，这样能一次吃完所有点心且路线不重复。其路线如下图：

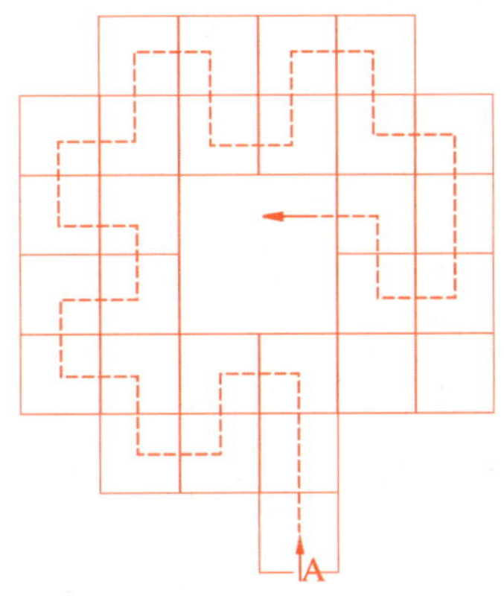

264. 密函解密

这位新来的助手将这份密函水平端起来，闭上一只眼睛，斜斜地看着图形，发现有“HELLO”的字样。

265. 平分遗产

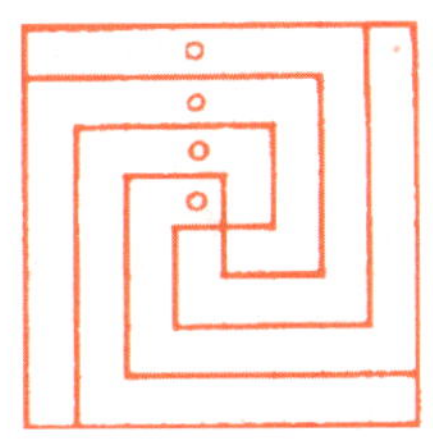

266. 不和谐的邻居们

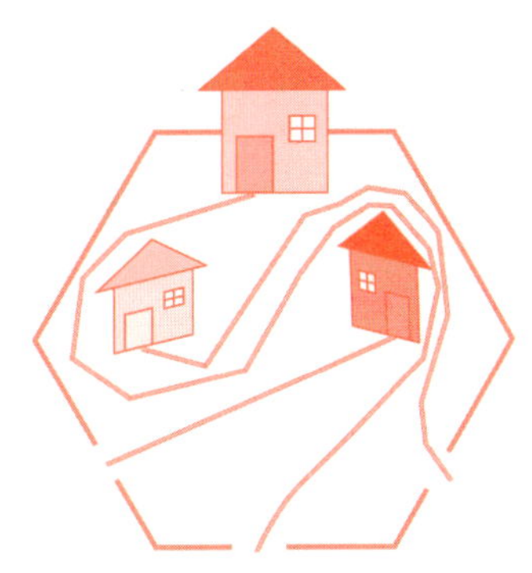

267. 考考你自己

1和9。

B+D=E；E-A=C。

268. 划分区域

7	1	4	4	4	3
3	5	5	3	5	2
5	5	1	3	5	0
1	4	3	2	0	5
3	0	4	5	6	4

269. 巧手剪纸

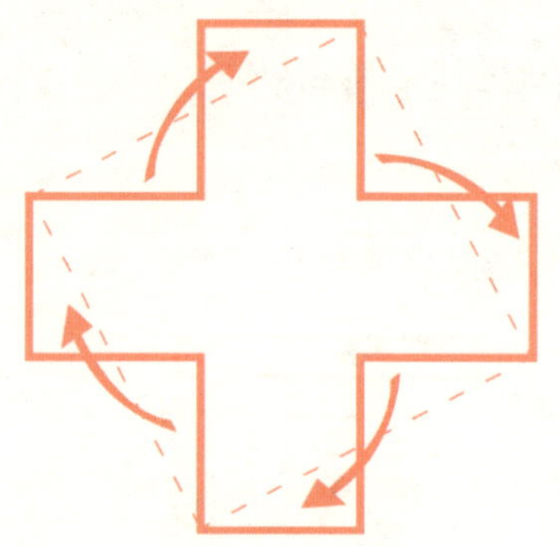

270. 看不见的圆点

将右眼闭上，只用左眼注视▲。

271. 奇妙的莫比斯环

1个大环和1个小环套在一起。

272. 错在哪里

这一页的页码错了。

273. 和值最大

画一条直线经过6、5、7、9、4所在的格子，和值为31。

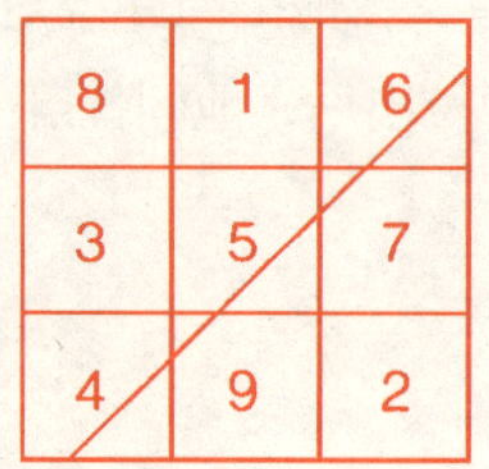

274. 一笔勾图

最多只能是一个,因为你画出第一个图后,就必须再拿起笔才能画第二个。

275. 观点不同

这个等式是9×9=81，但从不同的方向看就会看出不同的答案，另一个老师看的就是18=6×6。

276. 测试你的观察力

善于观察的人会发现这是电脑键盘最左边的字母排列顺序，答案自然很容易就知道了。

277. 歪博士的考题

原来的25颗棋子不动，只需要把新

加的5颗棋子像下图那样与别的棋子重叠就可以了。

278. 填数字

3。互为对角部分的数字之和等于11。

279. 钻石的颗数

工匠师只要在水平一排的两端各偷走一颗钻石，再把最底下的一颗钻石移到顶上，就可以蒙骗住愚昧的贵妇人。

280. 多少个正方形

11个。

281. 该涂黑哪个

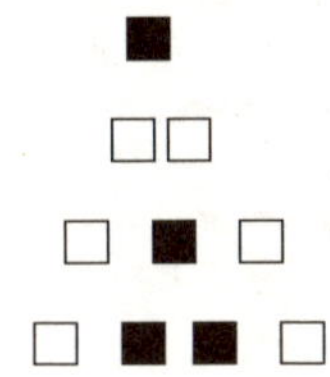

282. 公平分配

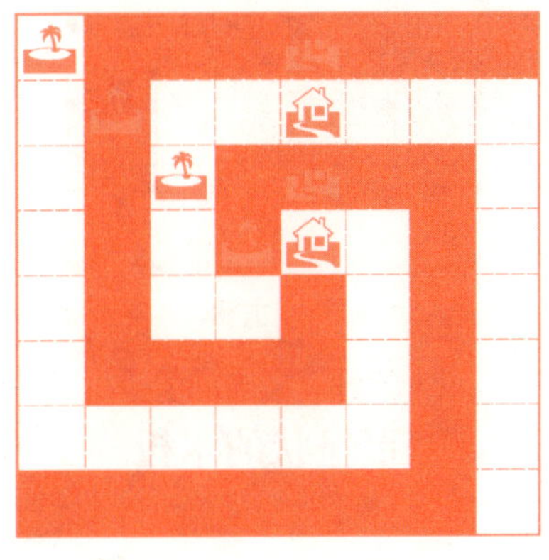

283. 14个正三角形

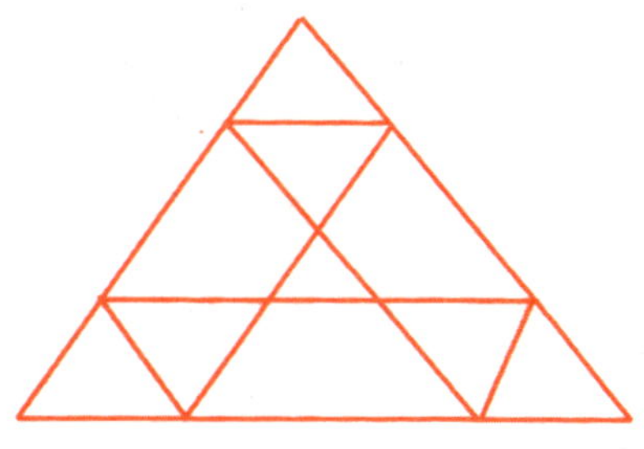

284. 缺少什么数字

6。最后一行是上两行的平均数。

285. 围墙

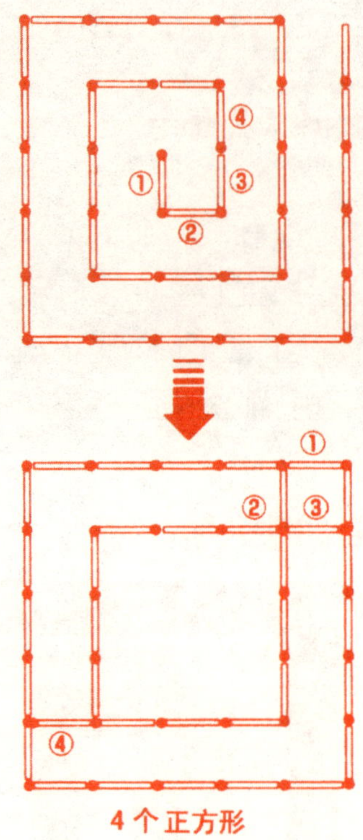

4 个正方形

286. 奇形怪状的木板

287. 走围城

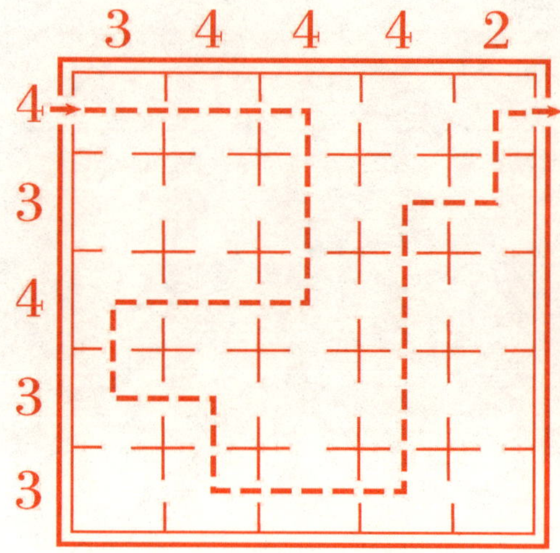

288. 数学天才的难题

七边形上每个边的数字之和为26。

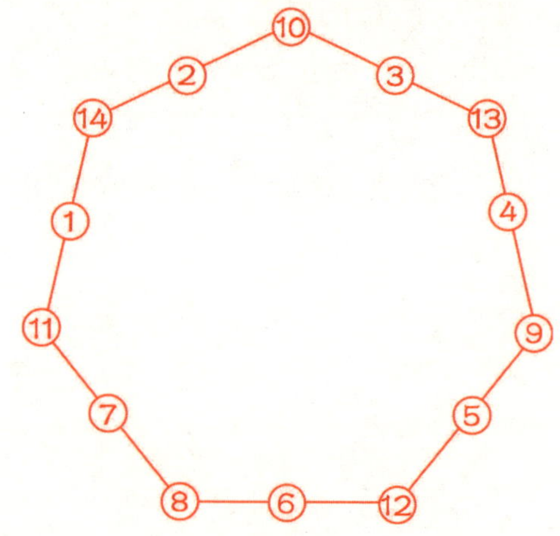

289. 复杂的表格

26。第一列数乘以第二列数，再加上第三列数，等于第四列数。

290. 2变8

将两根火柴棒底端的正方形对齐，

然后将其中的一根转动45度角即可。

291. 裂开的钟表

从3和4~9和10之间裂开的。

292. 找数字

293. 考眼力

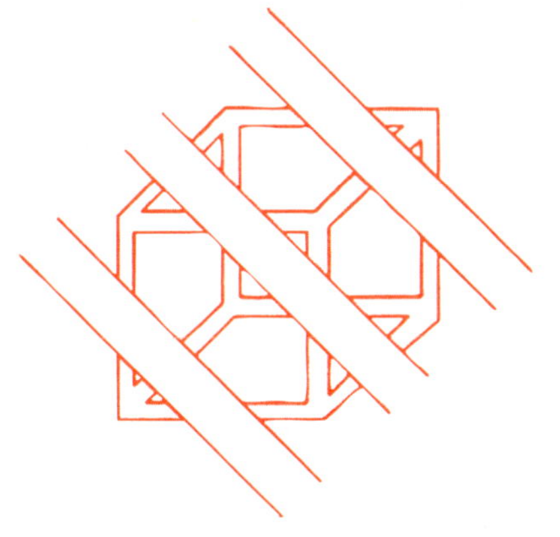

294. 数字哑谜

16。

□=4， ◇=7，

△=6， ▽=5。

295. 补充六线星形

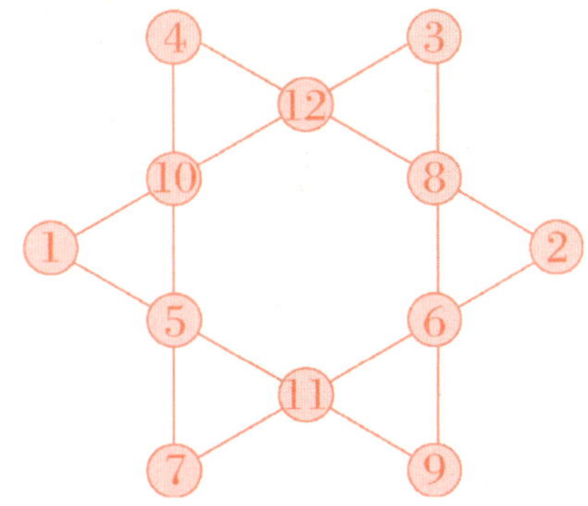

296. 找规律

它们应该是按这样的顺序排列的：1，1，2，3，5，8，13，21。

很明显可以看出，前两个数之和等于后一个数，这就是世界上有名的斐波纳契数。

297. 举一反三

34。用正方形的斜对角组成的数相减，所得出的数就是正方形中间的数。

99－65=34。

298. 不可能的折纸

你可以从长的一边剪开约1/3，向下折，把它折在反面，剩下的就容易了。是不是很简单？

299. 摆三角形

很简单，完全可以摆成一个三角形。题目并没有要求3根木棒必须首尾相接。

300. 正方形切角

一个正方形切去一个角，有3种切法，会出现3种情况：

①切去一个角，得到5个角；

②切线通过另一个角，则得到4个角；

③切线通过另外两个角，只剩3个角。

301. 颠倒的影像

判断左右是人的一种视觉习惯。实际上，视觉分辨左右和分辨上下的概念不同。当人侧身躺下时，令头的方向为右，脚的方向为左，那么你会发现，原本在腹部“右边”的头，在镜子中则变成了在腹部的“左边”。

302. 错位

如果你用直尺测量一下，会发现这个人的眼睛并没有错位，是因为我们的视觉受到了环境的影响。这就是观察的趣味之处。

303. 开环接金链

只要打开3个环。随便你打开哪3个环，只需要将3个环和其他的金链首尾相接就可以连成一个金链圈。

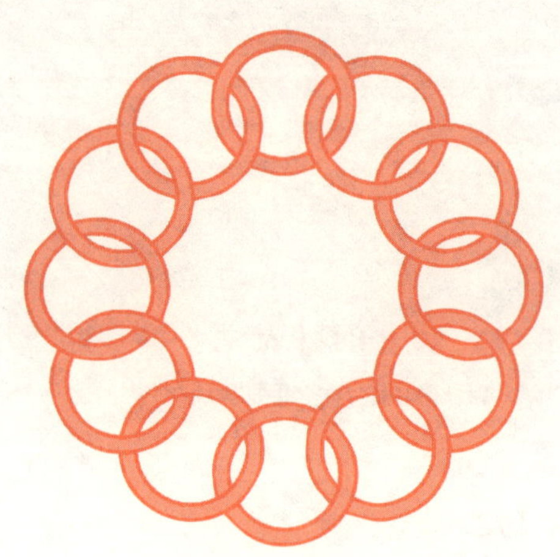

304. 倾斜的线条

这就是著名的倾斜感应。尽管竖直的线条看起来有点朝外倾斜，但它确实没有倾斜。斜线会引起我们方向感的错觉，使倾斜的感觉变得更强烈。

305. 角度排序

所有的角都是90度直角，不信的话你可以用量角器测量一下。而在我们的感觉中，红角看上去要大一些，绿角看上去则要小一些。

306. 大于3，小于4

$3<\pi<4$

307. 巧划分(1)

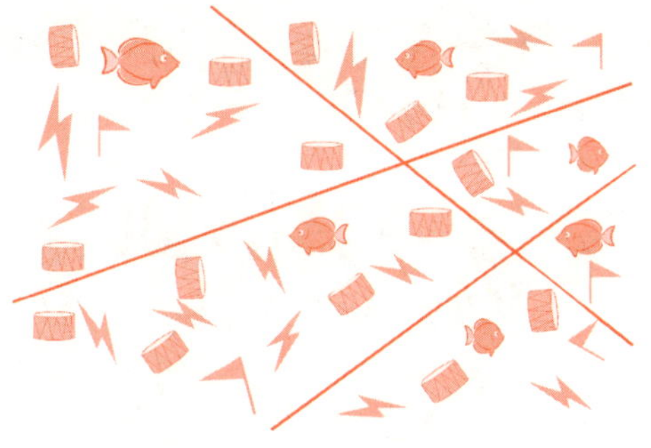

308. 巧划分(2)

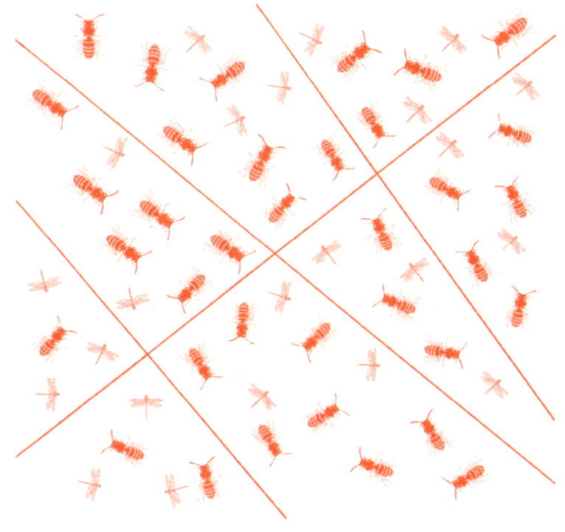

309. 按序结绳

把蓝绳分别系在红、黄绳子的两头。

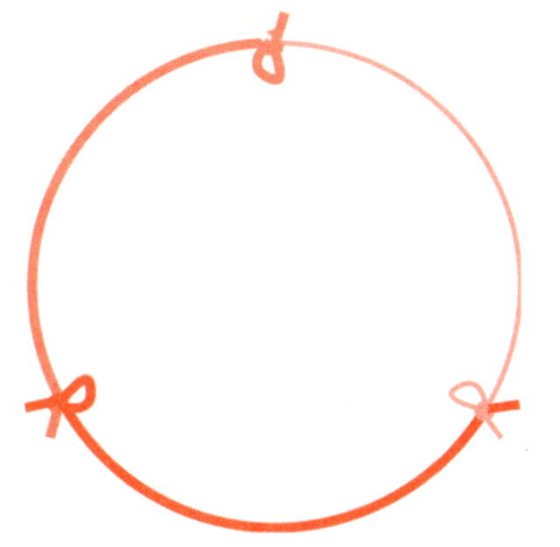

310. 聪慧的木匠

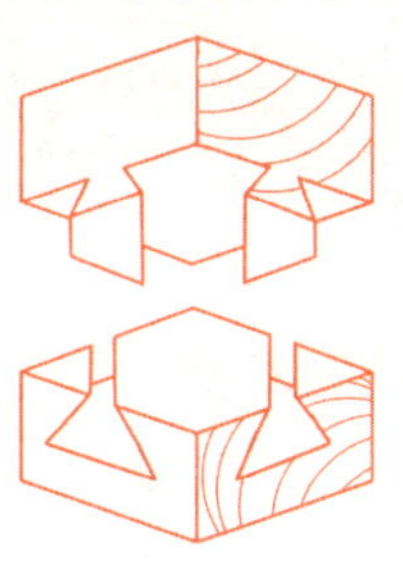

311. 火柴变形

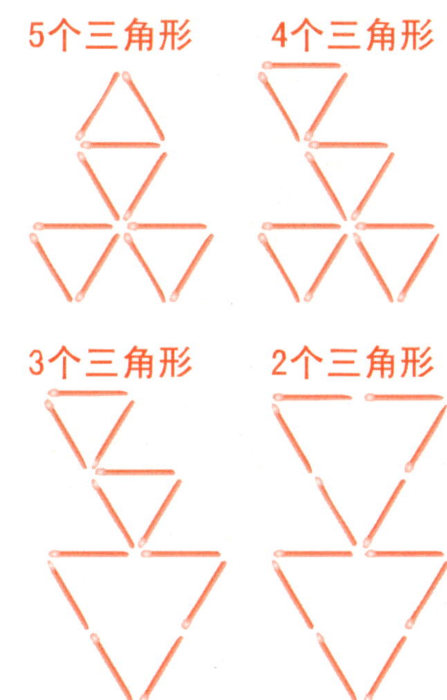

312. 取代图形

B。正如图2是图1垂直翻转180度再顺时针旋转90度一样，B和图3也具有这样的关系。

313. 另类的字母

（2）是另类，其余的字母都有1条斜线或者没有斜线，但（2）有2条斜线。

314. 不同的图

A。你只需把图旋转就会发现B、C、D是同一个图形。

315. 星星分3块

316. 图形对比（2）

317.一笔画的难题

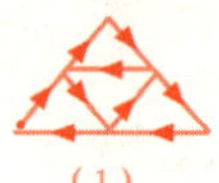

（1）　（2）　（3）

（4）　（5）　（6）

318. 茶壶迷宫

319. 女巫迷宫

320. 青蛙迷宫

321. 鸭子迷宫

322. 水牛迷宫

323. 水盆迷宫

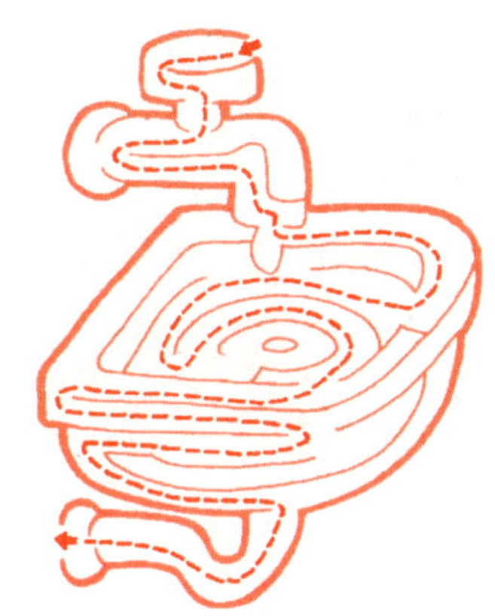

324. 球拍迷宫

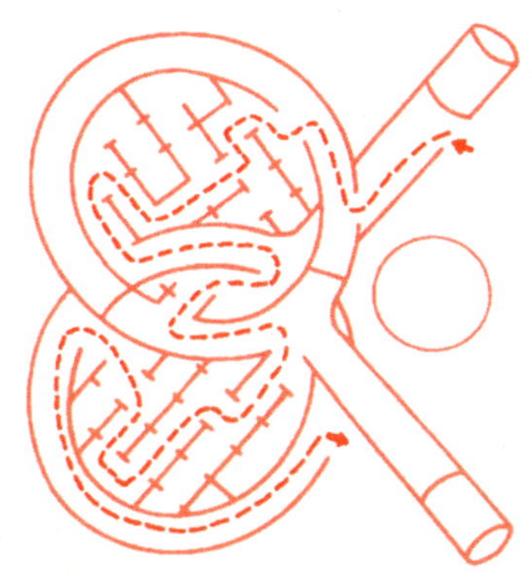

325. 小狗探险

326. 取鸡蛋

327. 迷路的兔子

328. 谁是大好人

A是大好人

329. 教室的路线图

330. 上楼顶

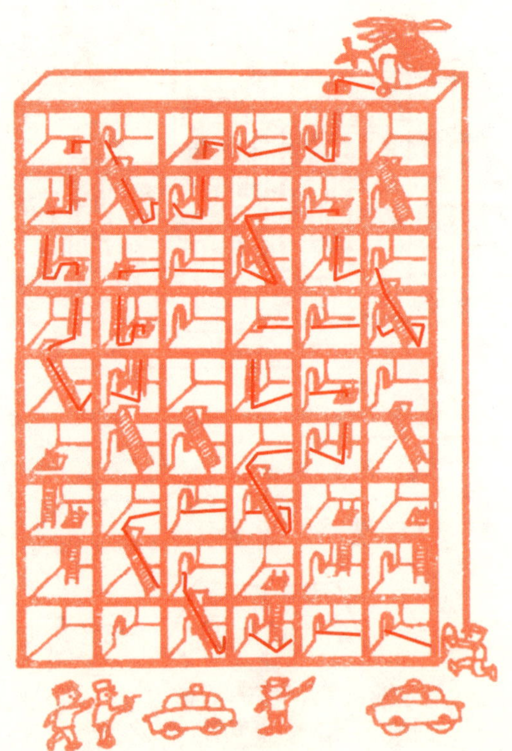

331. 瓢虫找朋友

要到达瓢虫的朋友那里，唯一的方法是穿过图中顶部的A花，因此A一定代表向上。B不可以代表向上，而且如果它代表向下，那么瓢虫的第一步将走出这幅图。如果B代表向左那么瓢虫将走到D花上，且C仅有的可能方向是向右——一个永无休止的环！所以说B代表向右。而C只能代表向左、D只能代表下。所以瓢虫的路线是：B—A—B—A—C—C—D—C—A—B—A—A

332. 农夫的难题

333. 国王画像

此图可以一笔完成，只要找到起点和终点，一点位于国王左眼的外眼角旁边，一点位于其下方的左脸颊上。这一笔必须从其中一点开始，而且止于另一点。

334. 营救公主

按照要求，王子必须从下面标星星的那间囚室出发，最后到达上面标星星的那间，也就是公主的囚室。

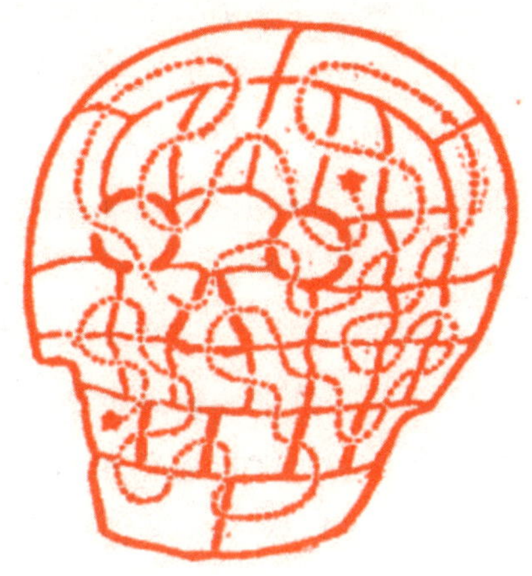

335. 首饰盒的面积

附图是首饰盒，由大小各异的正方形木板（没有任何两个面积相同）和一条长10英寸、宽1／4英寸的金带镶嵌而成，这在图中有明确说明。这是唯一可能的解法，这些正方形木块的数目、面积大小以及排列顺序都由金带的已知面积所决定，这个盒子的面积只能是400平方英寸。图中正方形木块中的数字表示该正方形的边长，以英寸为单位，所以几乎一眼就可看出这个答案是否正确。

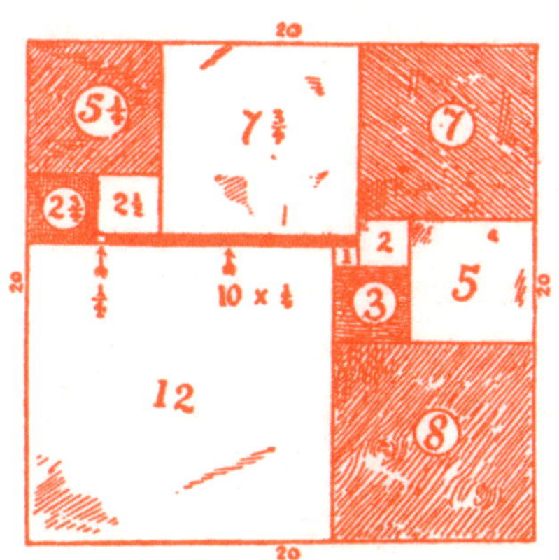

336. 城镇路线图

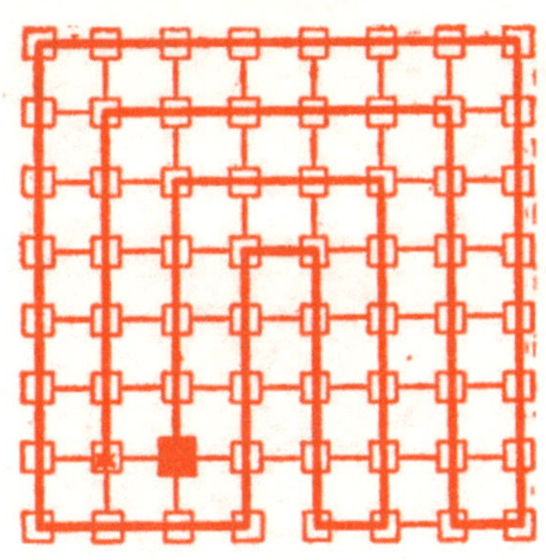

337. 十字形胸针

338. 切布料

最小的一块小到只有12个方格。

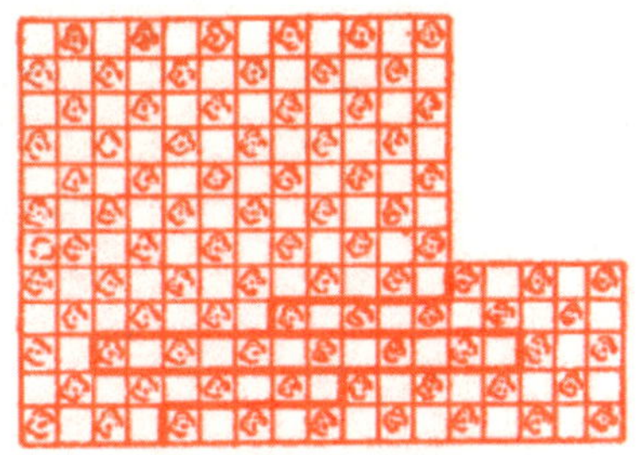

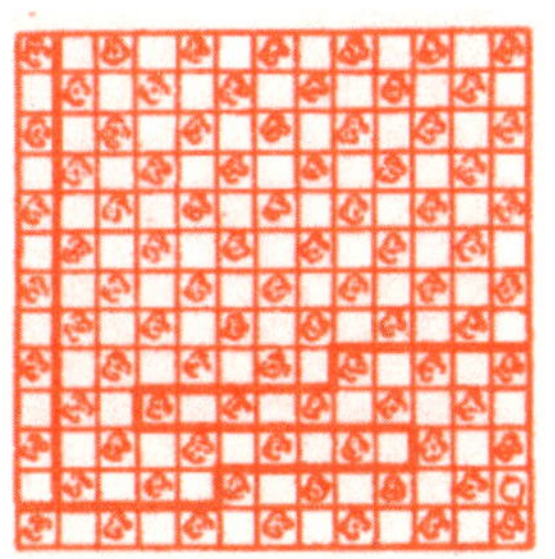

339. 狮子和城堡

340. 铺瓷砖

正确答案如图所示，仅仅用了三块白砖。如果在铺了四块狮子形瓷砖之后，你又铺了四块而不是三块另一花色的瓷砖，那么你最后只能用四块白色瓷砖了。这道题的关键就在于用四块一种花色的瓷砖，其他的花色只能用三块。

341. 黑夜走迷宫

很简单，只要摸索着一道墙一直走下去，而左手（或右手）始终摸着墙不松手。从A点出发，图中虚线画出的是沿着左手的方向前进的路线。如果读者试着沿着右手的方向前进，也一样可以顺利到达终点；事实上，这两种路线加在一起的话，正好是围绕着墙整整一圈，除了左半部分被分离开来的两部分，一个形状像U，另一个像一个变形的E。这种方法适合于绝大部分的迷宫和秘密花园等谜题。

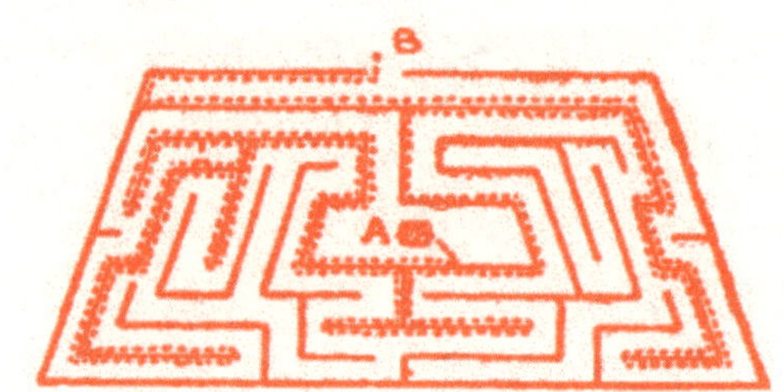

342. 拼棋盘

343. 分布料

按照图中方法把这块布剪成两块。把右面两块向下移动一个“齿”，这样就形成了一个正方形，而且四朵玫瑰是相互对称的。

344. 日本女人和地毯

把地毯剪成6块，如图所示。1号是一个完整的正方形，4号和5号也拼接成一个正方形，2号，3号和6号也拼接成一个正方形，三块都是同样大小的。

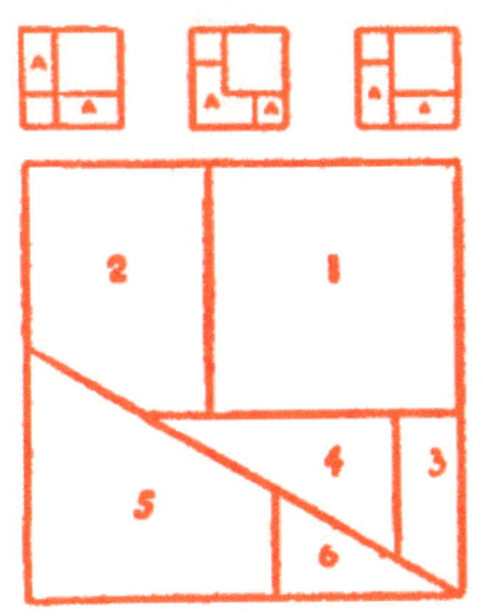

我们可以进行如下操作：

使LM等于对角线ON的一半，连接NM，再画出从L到NM的垂线LP。那么LP就是总面积等于大正方形的三个小正方形的边长。读者现在可以毫不费力地把这块地毯剪成六块。

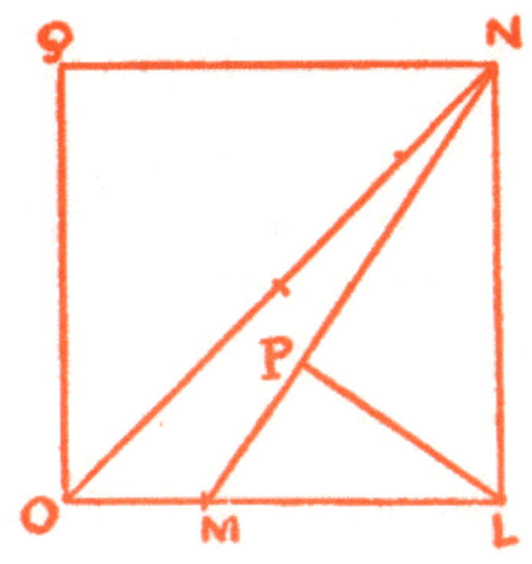

345. 狐狸和鹅

按照规则，你会发现，第一步不能移动圆圈11上的狐狸，因为无论移动到4或6，他都会对鹅伸手可及。你也不能将狐狸从10移到9，或从12移到7。如果你把10上的狐狸移到5，那么下一步你可以将2上的鹅移到9，而如果没有把狐狸从10移开的话，你是不能走这一步的。

尽可能最少的移动次数是22，也就是说，狐狸走11步，鹅走11步。下面是解决问题的一种方法：

当然，应先走第一行的第一步，然后走第二行的第一步，再走第一行的第二步，如此交替走棋。

10—5	11—6	12—7	5—12	6—1	7—6
——	——	——	——	——	——
1—8	2—9	3—4	8—3	9—10	4—9
12—7	1—8	6—1	7—2	8—3	
——	——	——	——	——	
3—4	10—5	9—10	4—11	5—12	

346. 拼桌面

附图展示了如何将这块木板切成两块，再拼成一张正方形桌面。A、B、C、D是桌面的四个角，而E和F这两块板拼合的方式对读者来说可谓一目了然。阴影部分是丢弃的木头。

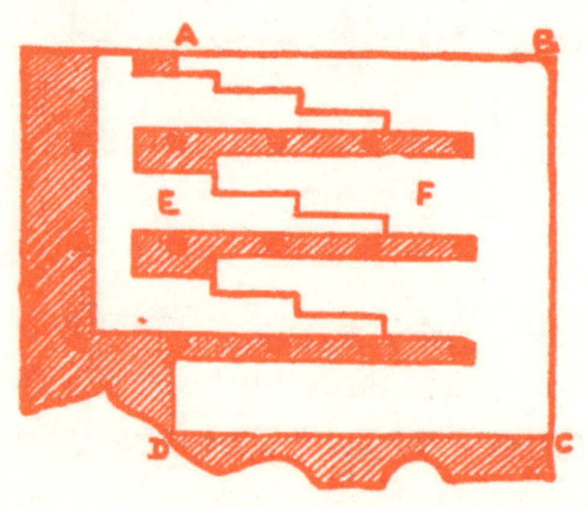

347. 罗沙蒙德秘密基地

尝试把所有的死巷都涂上颜色，这样就可以找出如图中所示的正确道路了。

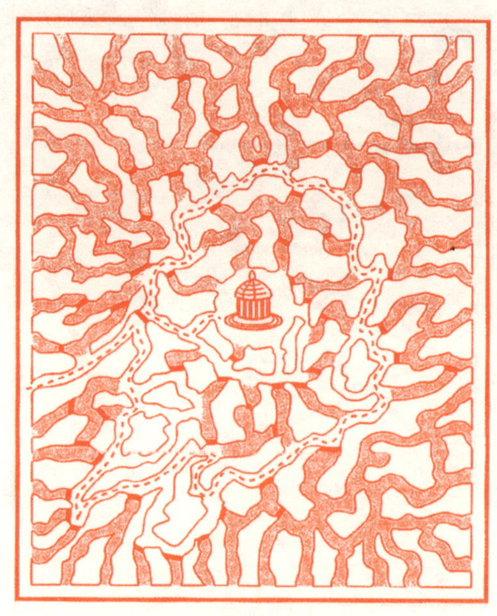

348. 宫殿巡逻问题

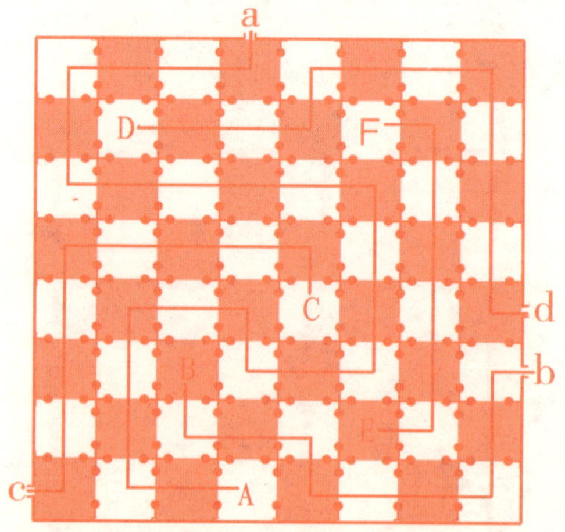

349. 找错误

找到了吗？是问题的序号错了，正确的序号是349。

350. 同心圆迷宫

351. 找相同

图③。

原图有7个立方体排列在平面上，请注意它们排列的相对位置，只有图3是相同的。

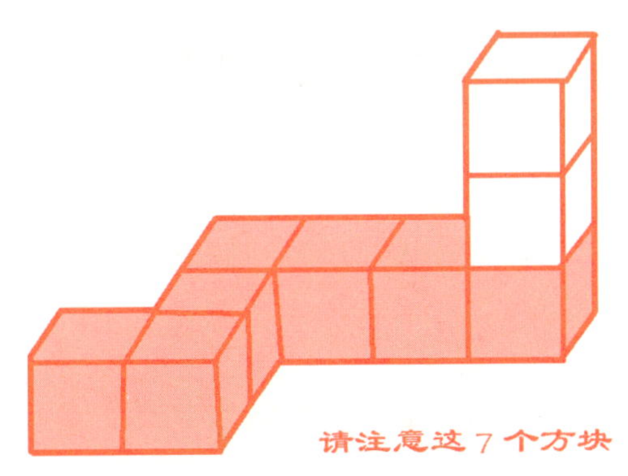

352. 填什么图形

排列顺序如图。每个图形均按上述顺序重复二次。

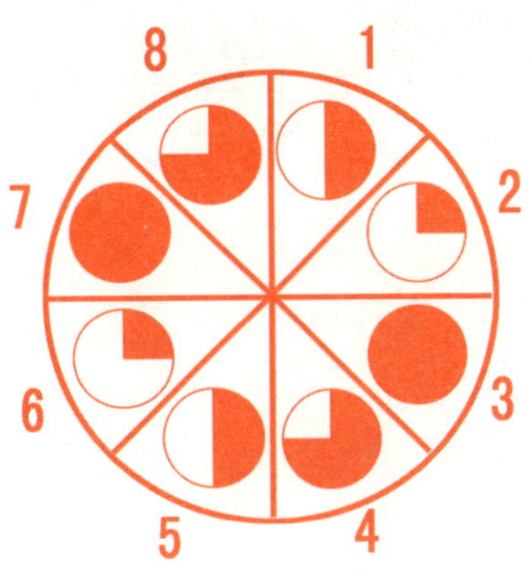

353. 连线谜题

354. 图形对应

E。图形等于折叠成一半，深色箭头遮盖在淡色箭头上。

355. 倒金字塔

5。将上一行数列去掉最大和最小数，然后反向排列得下一列。其实无论第一行的数如何排列，因为要去掉最大和最小的数，最后肯定剩下中间数：5。

356. 该填哪个

各方块圆形和方形相交替，自上而下形成两个序列。序列表现为1/4阴影，1/2阴影，3/4阴影，全阴影。

357. 图案盒子

（a）。

358. 找图形

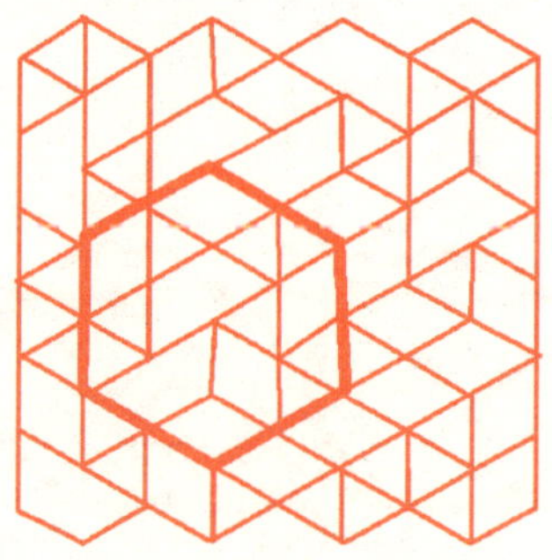

359. 正确的投影

C。

360. 棋子连线

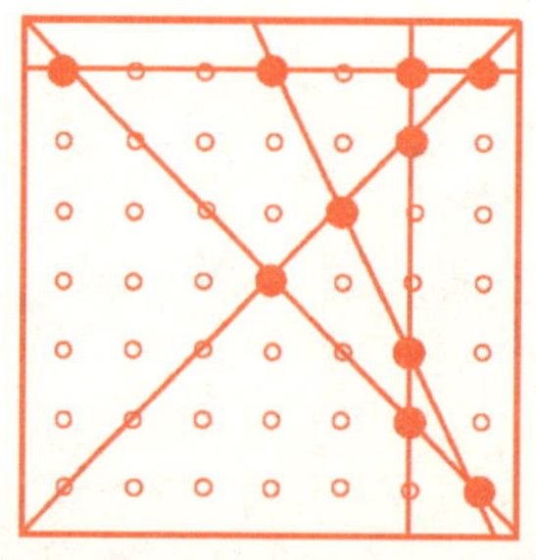

361. 能多放几个吗

能。原来的瓶子是按照四边形的排法来放瓶子的，其实所有的圆柱体物品，如果按照六角形排法，都可以节省空间。所以用六角形排法，原来的箱子完全可以放50个瓶子。如图：

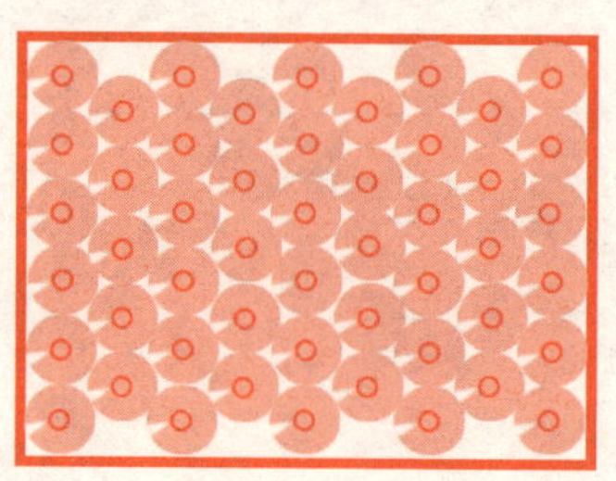

362. 不存在的图像（1）

是否看到原本不存在的三角形？

363. 不存在的图像（2）

转动其中4个圆圈，可形成一个立方体图像。

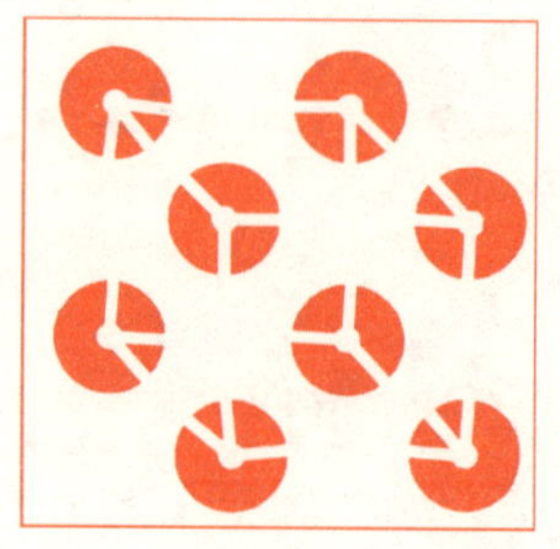

364. 没打结的绳子

2和3不能成结。

365. 对称不对称

B。把A、B、C、D重新排列一下，就可以很清楚地看出来了。

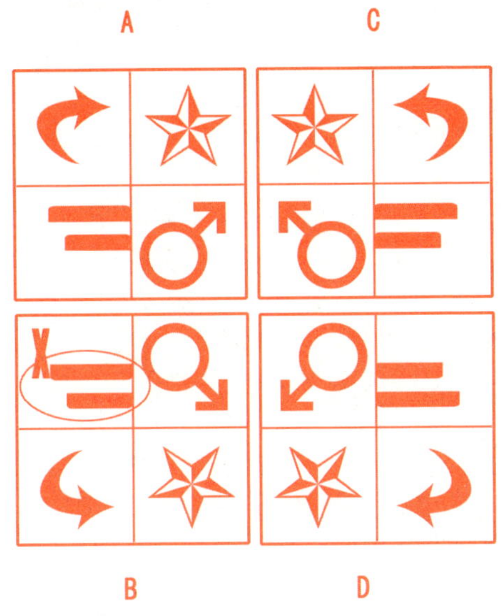

366. 成双成对

共有44对。

7	1	1	8	7	4	7	5	5	3	1	8	1	6	4	3
2	9	6	7	5	9	2	5	3	6	3	1	4	8	4	8
1	6	5	6	2	4	3	6	8	5	6	6	3	9	7	5
3	2	7	8	1	5	9	6	1	8	7	1	5	8	6	2
5	9	2	1	3	3	4	2	2	4	5	7	7	6	7	2
3	4	3	4	8	6	2	4	7	9	8	4	1	6	3	9
8	3	8	9	5	3	1	7	5	7	5	8	5	1	8	7
3	7	5	4	8	9	1	4	2	7	4	3	1	5	6	5
5	1	8	7	1	6	8	7	8	4	3	8	3	3	6	7
2	6	7	4	5	3	5	4	8	5	3	4	8	1	8	5
3	2	6	2	1	8	4	3	9	4	2	4	1	3	5	3
1	4	5	2	7	1	3	5	2	8	5	2	1	8	1	4
8	3	9	9	6	7	2	6	8	1	2	6	9	7	6	4
5	4	3	2	5	9	3	9	8	3	2	6	2	5	9	6
2	9	4	2	4	8	6	6	6	9	6	5	6	1	8	3
3	5	2	7	8	5	1	5	3	7	7	8	7	2	9	5

367. 找相同

有两处相同。

368. 镖靶

将靶子涂上不同的颜色，显示出共有17个靶子。

369. 找不同（1）

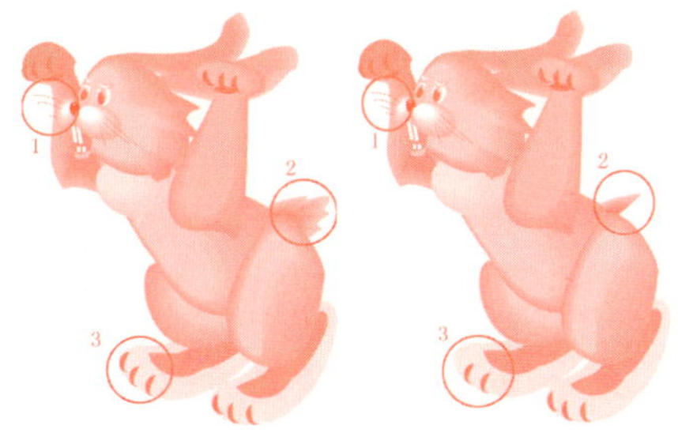

370. 巧解乱麻

1—M 2—G 3—R 4—H 5—D 6—S 7—E 8—B 9—K 10—F 11—P 12—C 12—I 14—A 15—J 16—L 17—O 18—N 19—Q 20—T

371. 骗人的眼睛

①半径都一样大。

②长短相等。

372. 孤独的星星

如图因为其他的同色星星都可以分别成为正三角形。

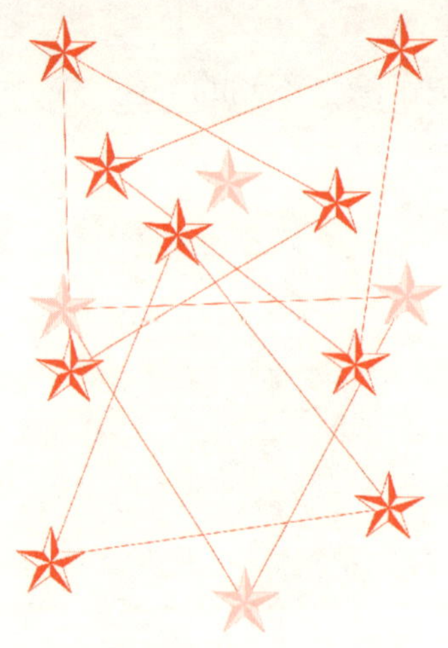

373. 取樱桃

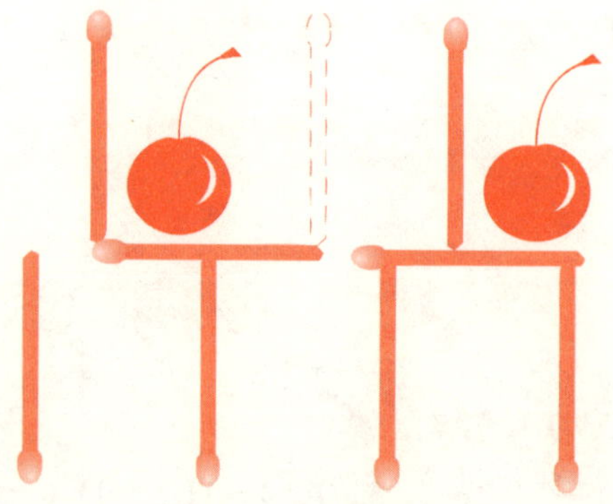

374. 求婚的门槛

所罗门王画的图案中一共有31个不同的等边三角形。

375. 只有5个正方形

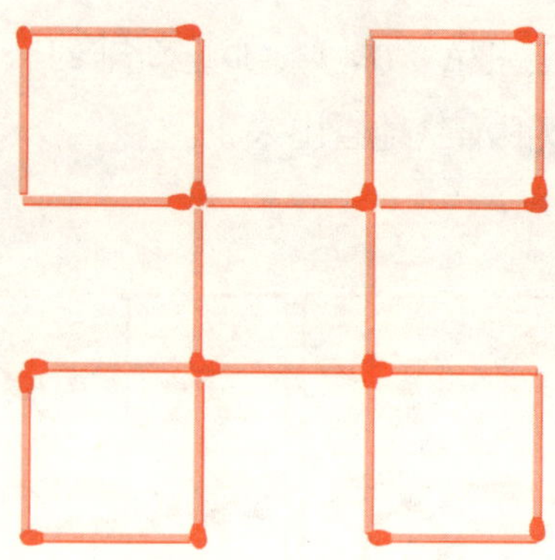

376. 复杂的图形

15个正方形，72个三角形。

377. 台历日期

这3个日期分别是星期二、星期三、星期四，假设星期三的日期为X，则(X−8)+X+(X+8)=42。这样可以得出X=14。所以这三天应该是 6号、14号、22号。

378. 和为18

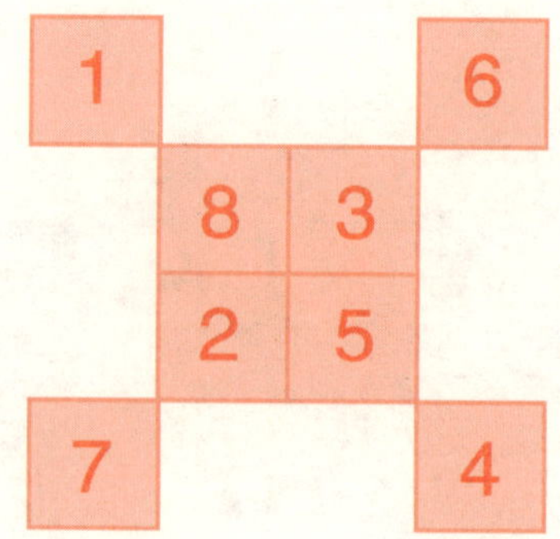

379. 转动的距离

小圆滚2圈的距离等于大圆的周长。所以答案为2圈。里圈和外圈答案一样，因为距离没有变。

380. 火柴游戏

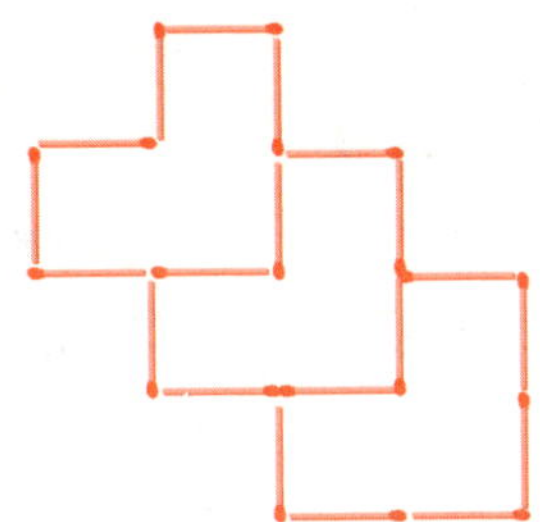

381. 消失的正方形

5小块图形中最大的两块对换了一下位置之后，被那条对角线切开的每个小正方形都变得高比宽大了一点点。这意味着这个大正方形不再是严格的正方形。它的高增加了，从而使得面积增加，所增加的面积恰好等于那个方洞的面积。

382. 问号处该填什么

这张图里的3种图案排列，由里到外形成一个漩涡状，排列的顺序依序如图所示：

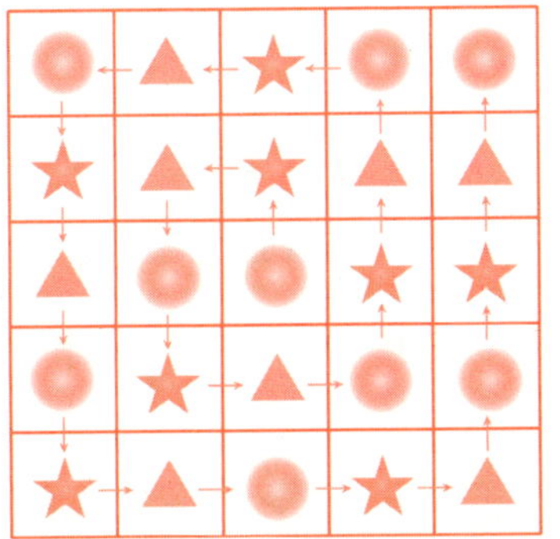

383. 圈鸭子

把其中的4根木条都截成原来木条长度的一半，然后放在平面上拼起来。如下图。

384. 摆棋子

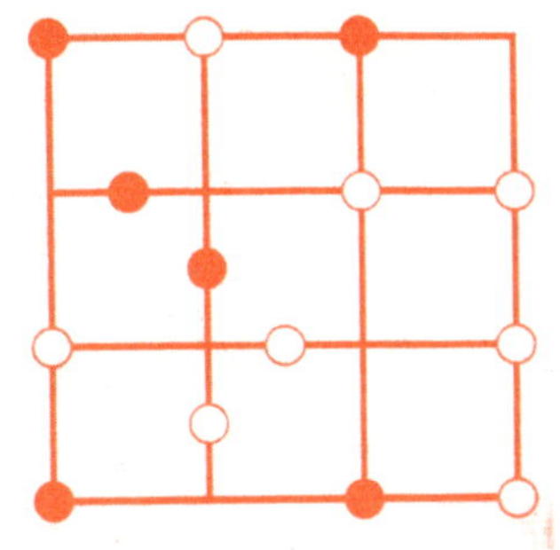

385. 破损的台历

星期六。

386. 母鸡下蛋

母鸡能在格子里下12只蛋。

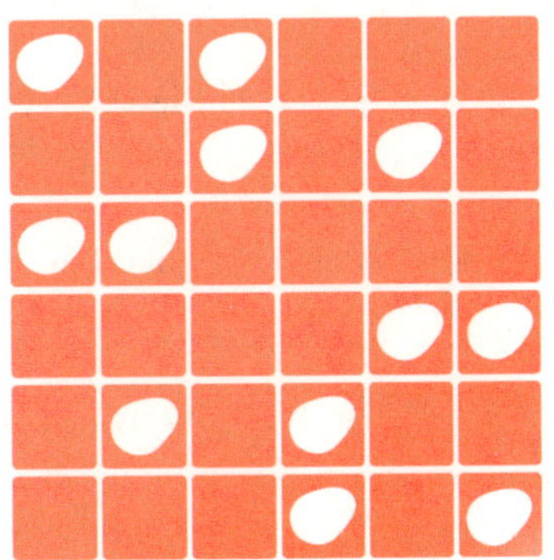

387. 陌生的邻居

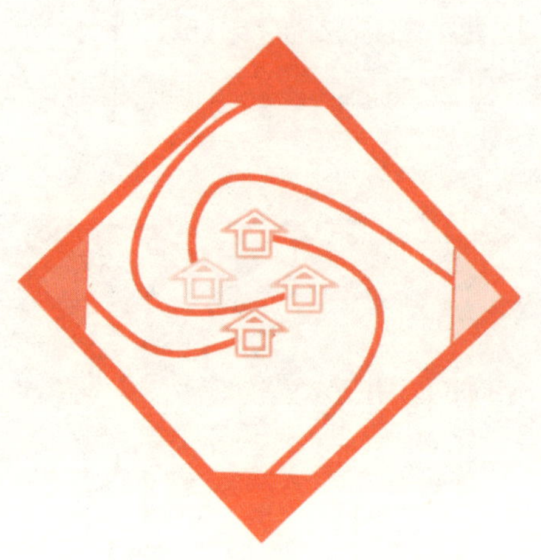

388. 魔方的颜色

6个小立方体一面是这种颜色；12个小立方体两面是这种颜色；8个小立方体三面是这种颜色；没有小立方体四面是这种颜色；1个立方体所有的面都没有这种颜色。

389. 爱因斯坦的谜题

挪威人住黄屋子，抽Dunhill，喝水，养猫；

丹麦人住蓝屋子，抽Blends，喝茶，养马；

英国人住红屋子，抽Pall Mall，喝牛奶，养鸟；

德国人住绿屋子，抽Prince，喝咖啡，养鱼；

瑞典人住白屋子，抽Blue Master，喝啤酒，养狗。

所以答案是：德国人养鱼。

390. 看图做联想

这些物品都是成对出现的。

391. 最简单的走法

当你走到只有左转或者右转两种选择的T字路口时，只要左转就行了。

392. 圆填空

全黑圆。从各三角形上端圆圈看，以及从下边圆圈来看，变化的规律都是圆圈黑影每次多四分之一（1/4，1/2，3/4），直至全黑。

393. 找伙伴

394. 消失的数字

4 。 这些圆圈的排列顺序一开始是1，接下来的是2——3——4，然后以此顺序排列。

395. 不湿杯底

把杯子倒着放进水里，这时由于杯子里面充满了空气，由于空气压力，水就不会流进去，杯子底部也就不会被弄湿了。

396. 卷纸视物

你会发现好像左手的掌心有一个洞。这是一个错觉。

右眼只是看到了纸筒的里面，而左眼却看到一只平平的手掌。而每只眼睛所接受的影像，都将在大脑里聚合成为一个立体影像，正像你所看到的那样。

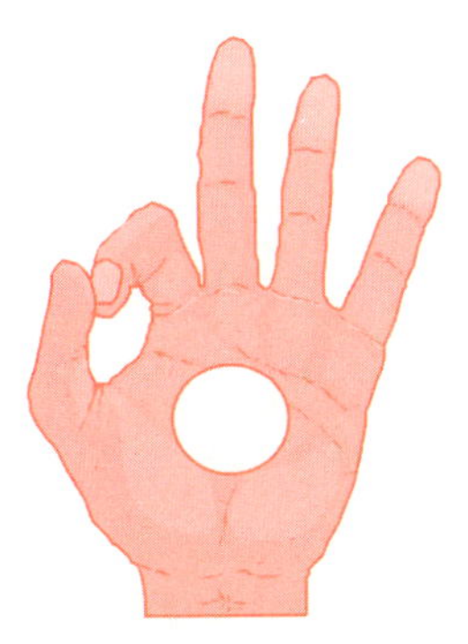

397. 找不同（2）

右上角的符号和其他符号不一样，因为它是不同颜色的。左上角的符号和其他的不一样，因为它是1，而其他是2。左下角的符号也不一样，因为它是正方形，而其他符号是圆形。

398. 一步之差

第一种方法是：3=22/7，但π=22/7更接近正确答案。

399. 暗藏陷阱的宝藏图

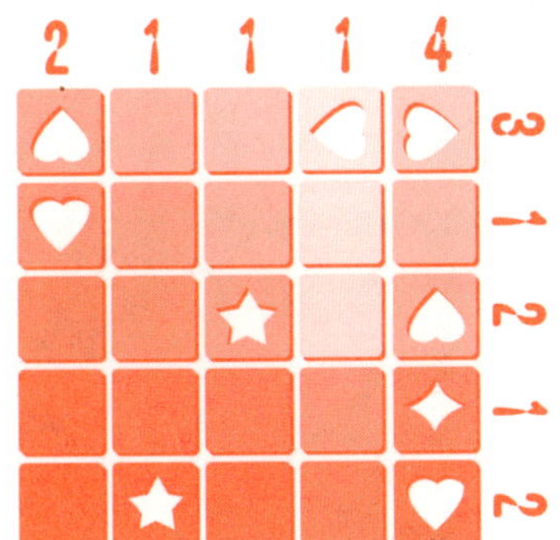

400. 合法销售

商店可以每斤水果卖高价，每次购买就赠送一种电器或一些图书。

401. 数字模板

空格中应填入*或#。这个数字模板实际上是电话机上的号码键。

402. 丢失的稿件

丢失的是7~8页。

403. 变三角形

404. 变字游戏

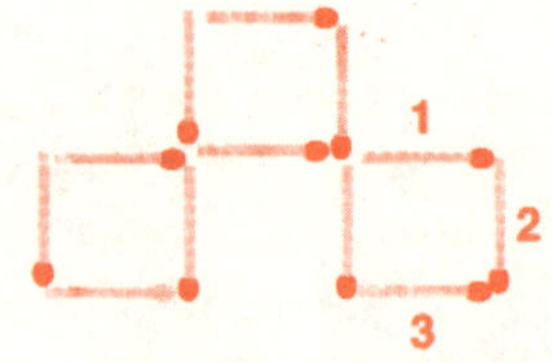

405. 三个数

1×2×3=6，

1+2+3=6。

406. 自制扇子

407. 冬天还是夏天

左图是夏天画的。因为夏天11点钟时太阳处于屋顶上方，照射进屋里的光线面积小。右图是冬天画的。

408. 最后的弹孔

最后一枪的弹孔是C。后发射的子弹是射在玻璃上的，子弹被前面击碎的玻璃裂纹挡住停下。按顺序查一下，就知道子弹发射的顺序是D、A、B、C。

409. 有趣的类比

8。图中的方格被编以1到9之间的号，从左上角开始，先从左到右，再从右到左，最后又从左到右。

410. 兔子找食物

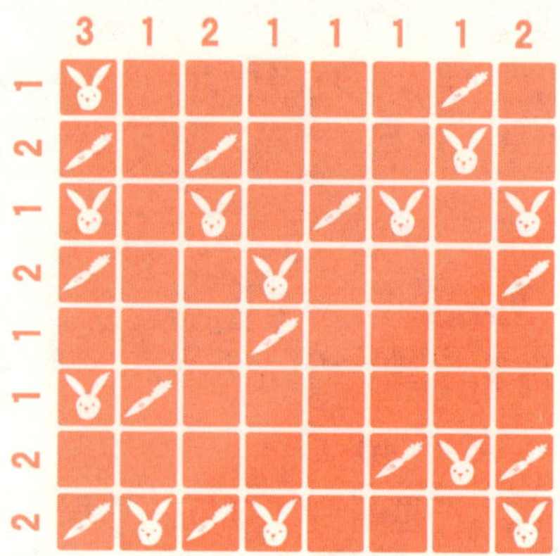

411. 碑文符号

这个图可以经过13个转折一笔画成：

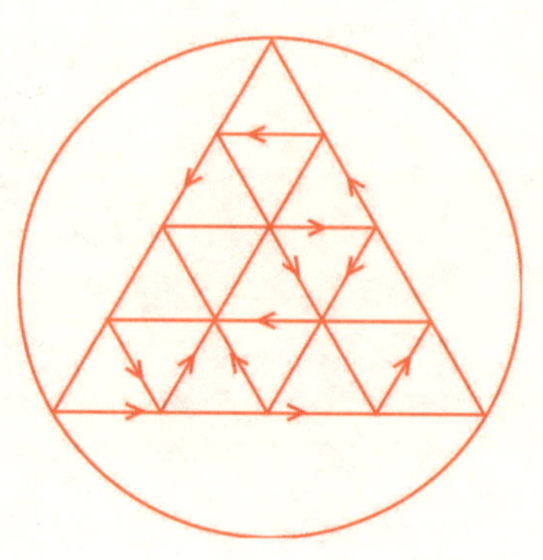

412. 字母逻辑

Z应该是黑色。因为所有的黑色字母都能一笔写完，白色的字母就不能。

413. 填色游戏

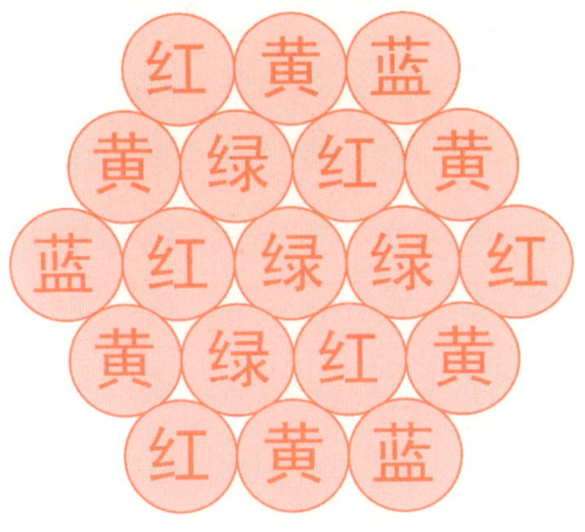

414. 魔术阶梯

施罗德阶梯为你提供一个有用的信息：你要将卡片中的6和9倒过来放。这样，卡片就能形成连续数字（9，10，11，12，13）。

415. 迷路的兔子

这只是正确答案的一种，你可以发挥想象力帮兔子小姐设计路线。

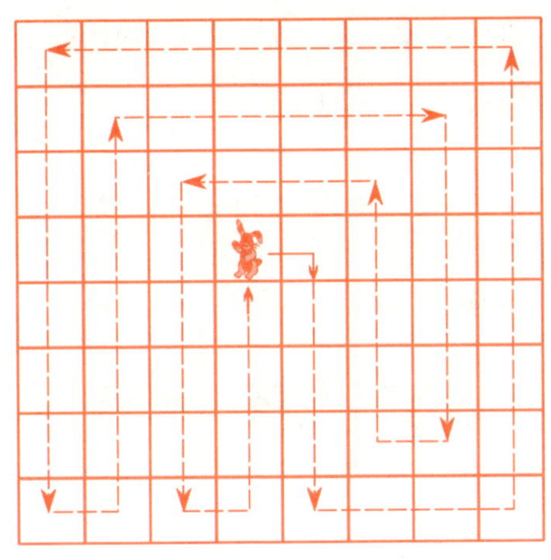

416. 多少个等边三角形

35个。你是不是有遗漏呢?

417. 栽树的方法

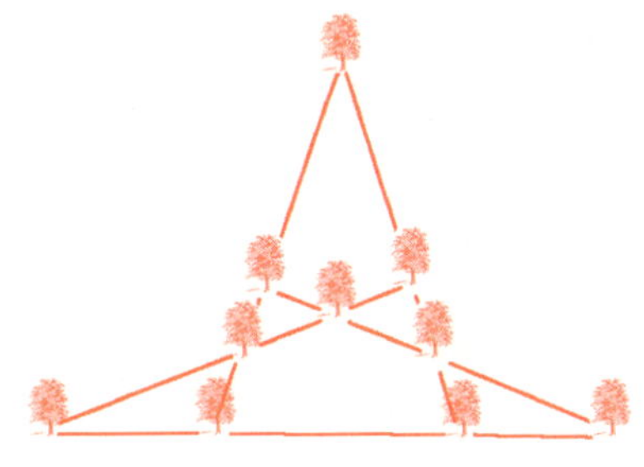

418.围菜地

419. 魔方阵

如下图所示，将原魔方阵中的每个数字加上1／3就可以了。

$6\frac{1}{3}$	$7\frac{1}{3}$	$2\frac{1}{3}$
$1\frac{1}{3}$	$5\frac{1}{3}$	$9\frac{1}{3}$
$8\frac{1}{3}$	$3\frac{1}{3}$	$4\frac{1}{3}$

420. 巧裁缝

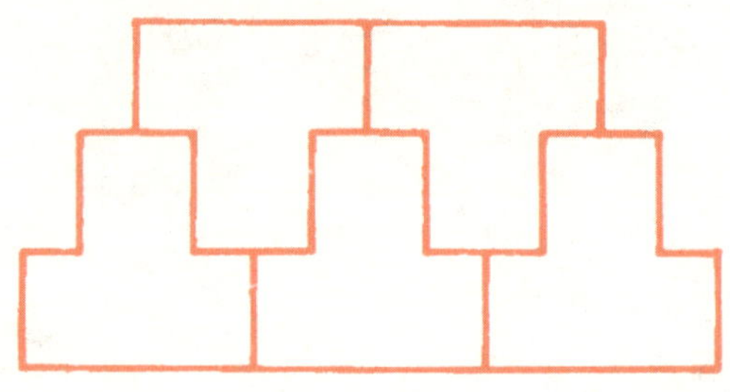

421. 移花插瓶

花12→瓶3　花7→瓶4　花10→瓶1　花8→瓶5　花9→瓶6　花11→瓶2

422. 摆跳棋

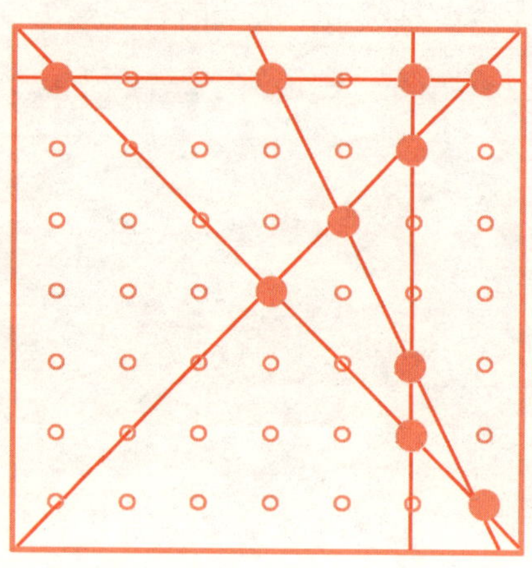

423. 分田地

424. 分木料

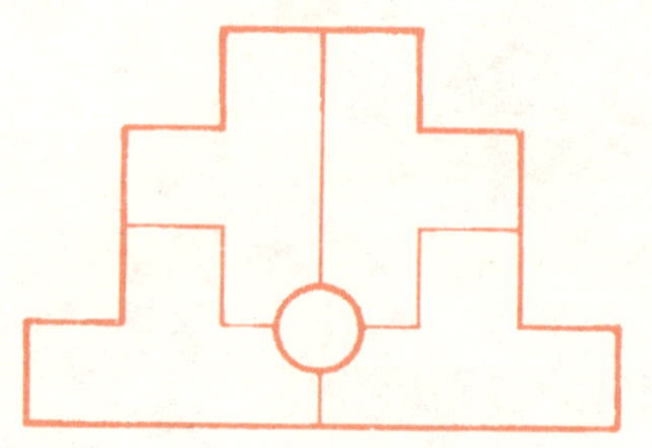

425. 摆花瓶

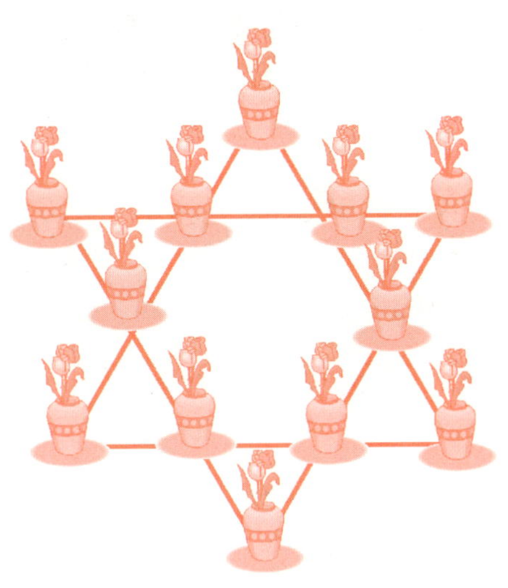

426. 改裙子

剪2刀还是容易的，分别剪去两边突出的部分（见图1）。剪一刀其实也不难，只要先左右对折（见图2）再剪去突出的部分就能拼成正方形了（见图3）。

图1

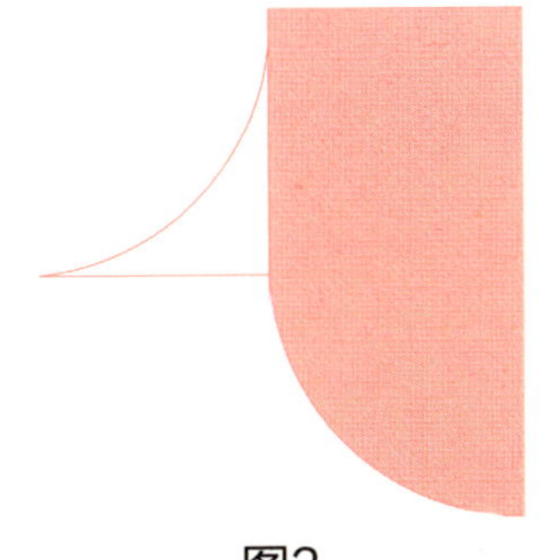

图2

图3

427. 图形吻合

B。

428. 过河

9次。因为他们每次都要有一个人把船划回来。

429. 井底之蛙

8次。

不要被题中的枝节所蒙蔽，每次跳上3米滑下2米实际上就是每次跳1米，因此10米花10次就可全部跳出，这样想就错了。因为跳到一定时候，就出了井口，不再下滑。

430. 粗心的管理员

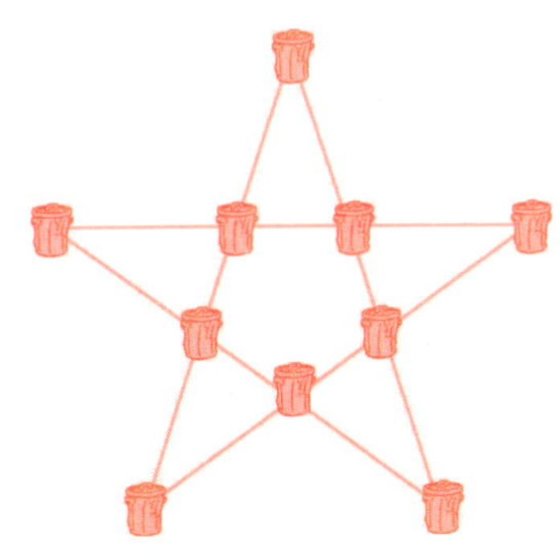

431. 多少只羊

本题载于我国明代著名数学家程大位的《算法统宗》一书上。

（100－1）÷（1＋1＋1/2＋1/4）=36只。

432. 三只桶的交易

先从大桶中倒出5公斤油到9公斤的桶，再从大桶里倒出5公斤油到5公斤的桶里，然后把5公斤桶里的油将9公斤的桶灌满。现在，大桶里有2公斤油，9公斤的桶已装满，5公斤的桶里有1公斤油。

再将9公斤桶里的油全部倒回大桶里，大桶里有了11公斤油。把5公斤桶里的1公斤油倒进9公斤桶里，再从大桶里倒出5公斤油，现在大桶里有6公斤油，而另外6公斤油也被换成了1公斤和5公斤两份。

433. 巧填算式

①2 + 3 ×4 +5 × 6 + 7 × 1=51

②5+6×7+1+2－3 + 4=51

③6 × 7 + 1 + 2 － 3 + 4 + 5=51

434. 断开的风铃花

因为并没有要求绳子是直的，所以可以用5个风铃花连成一个圈。

435. 移数字

将102改为10的2次方。

436. 文具的价格

假设铅笔=X，钢笔=Y，圆珠笔=Z，橡皮=Q，可以得出：

2Z+1Q=3 (1)

4Y+1Q=2 (2)

3X+1Y+1Q=1.4

把(1)×1.5，把(1)÷2，可以得出：

3Z+1.5Q=4.5

2Y+0.5Q=1

3X+1Y+1Q=1.4

把三者加起来就是：

3X+3Y+3Z+3Q=6.9，

由此可得：

X+Y+Z+Q=2.3(元)

437. 共有多少只蜜蜂

一共有14641只蜜蜂。

第一次搬兵：1+10=11(只)

第二次搬兵：

11+11×10=121(只)

第三次搬兵：……

一共搬了四次兵，于是蜜蜂总数为：11×11×11×11=14641（只）

438. 赚了多少钱

第一次9元钱卖掉时赚了1元，第二次11元卖掉时又赚了1元。总共是2元。

439. 如何称糖

两个砝码放左边，右边放糖，平衡

后把左边的砝码换成糖，左边应该是1千克的。

440. 换啤酒

先买161瓶啤酒，喝完以后用这161个空瓶还可以换回32瓶（161÷5=32……1）啤酒，然后再把这32瓶啤酒退掉，这样一算，就发现实际上只需要买161−32=129瓶啤酒。可以检验一下：先买129瓶，喝完后用其中125个空瓶（还剩4个空瓶）去换25瓶啤酒，喝完后用25个空瓶可以换5瓶啤酒，再喝完后用5个空瓶去换1瓶啤酒，最后用这个空瓶和最开始剩下的4个空瓶去再换一瓶啤酒，这样总共喝了：129+25+5+1+1=161瓶啤酒。

441. 水多还是白酒多

一样多。第二次取出的那勺水，因为它和第一勺体积相等，都设为a。假设这勺混合液中白酒所占体积为b，那么倒入第一杯白酒的水的体积为a−b。第一次倒入水的白酒为a，第二次舀出b体积白酒，则水里还剩a−b体积白酒。所以白酒杯里的水和水杯里的白酒一样多。

442. 难解的债务关系

只要让乙、丙、丁各拿出10元钱给甲就可以了，这样只动用了30元钱，否则，每个人都按照顺序还清的话就要动用100元钱。

443. 守财奴的遗嘱

从末尾开始，最小的儿子得到的金条数目，应等于儿子的人数。金条余数的1/7对他来说是没有份的，因为既然不需要切割，在他之前已经没有剩余的金条了。

接着，第二小的儿子得到的金条，要比儿子人数少1，并加上金条余数的1/7。这就是说，最小儿子得到的是这个余数的6/7。从而可知，最小儿子所得金条数应能被6除尽。

假设最小的儿子得到了6根金条，那就是说，他是第六个儿子。那人一共有6个儿子。第五个儿子应得5根金条加7根金条的1/7，即应得6根金条。

现在，第五、第六两个儿子共得6+6＝12根金条，那么第四个儿子分得4根金条后，金条的余数是12÷（6/7）＝14，第四个儿子得4+14/7＝6根金条。

现在计算第三个儿子分得金条后金条的余数：6+6+6即18根，是这个余数的6/7，因此，全余数应是18÷(6/7)＝21。第三个儿子应得3+（21/7）＝6根金条。

用同样方法可知，长子、次子各得6根金条。我们的假设得到了证实，答案是共有6个儿子，每人分得6根金条，金条共有36根。

有没有别的答案呢？假设儿子数不是6，而是6的倍数12。但是，这个假设行不通。6的下一个倍数18也行不通，再往下就不必费脑筋了。

444. 猎人的收获

0只。

“6”去掉“头”，“8”去掉半个，“9”去掉“尾巴”，结果都是“0”。

445. 和尚分馒头

你可以用“编组法”分析。由于大和尚一人分3个馒头，小和尚3人分一个馒头。合并计算，即是：4个和尚吃4个馒头。这样，100个和尚正好编成25组，而每一组中恰好有1个大和尚，所以我们可立即算出大和尚有25人，从而可得小和尚有75人。

100÷(3+1)=25，100−25=75。

446. 运动服上的号码

他运动服上的号码是1986。

447. 等于100

①1＋2＋3＋4＋5＋6＋7＋8×9=100

②123－45－67＋89=100

448. 列算式

9×8+7−6+5×4+3×2+1=100

此外还有另一种算式:

9×8+7+6+5+4+3+2+1=100

449. 什么时候相遇

1分钟后。

450. 关于“5”的创意算式

1=55÷55

2=5/5+5/5

3=(5+5+5)÷5

4=(5×5−5)÷5

5=5+5×(5−5)

6=55÷5−5

451. 老钟

36分钟。对于老钟来说，从3点到12点，实际需要的时间是9×64分钟；如果目前是12点，则已经过了9×60分钟，所以还需36分钟。

452. 问题时间表

亮亮把时间进行了重复计算。举一个很简单的例子，在他暑假的60天里，他把用餐和睡觉的时间既计入了暑假的时间，又分别计入了全年的用餐时间和睡眠时间。

453. 答案为1

＋29，×7，－94，×4，－435。

（29×7－94）×4－435=1。

454. 冷饮花了多少钱

冷饮花了5角。

455. 惨烈的尖叫

这是一个看起来复杂其实很简单的问题。作案时间是12:05分。计算方法很容易，从最快的手表(12:15分)中减去最快的时间(10分钟)就行了。或者将最慢的手表(11:40分)加上最慢的时间(25分钟)也可以得出相同的答案。

在分析问题的时候，最重要是找到解决思路，把看似复杂的问题分解成简单的方法处理。

456. 多少岁

这个人去世时18岁。因为年号里没有称为0年的年，而生日前一天或者后一天之差，在年龄上就差一岁。

457. 神奇的数字

$(1+2)\div 3=1$

$1\times 2+3-4=1$

$[(1+2)\div 3+4]\div 5=1$

$[(1\times 2+3-4)+5]\div 6=1$

$\{[(1+2)\div 3+4]\div 5+6\}\div 7=1$

$\{\{[(1\times 2+3-4)+5]\div 6\}+7\}\div 8=1$

458. 找到隐藏的数

3581，7162。

459. 融冰淹人

水面一点也不会升高，因为冰块融化成水的体积正好是它排开水的体积。

460. 山羊吃白菜

9分钟。一只山羊吃掉一棵白菜需要6分钟，所以，吃掉一棵半的白菜需要9分钟。半只山羊是不会吃东西的。

461. 牛奶有多重

牛奶的一半重3. 5−2=1.5千克，牛奶重1.5×2=3千克，瓶子重3.5−3=0.5千克。

462. 玻璃瓶里的弹珠

这个玻璃瓶里装有8种颜色的弹珠，如果真的算你倒霉的话，最坏的可能性就是前8次摸到的都是不同颜色的弹珠，而第九次摸出的任何颜色的弹珠，都可以与已摸出的弹珠构成“同色的两个弹珠”。所以最多只需要取9次。

463. 紧急情报

最少需要3人。

464. 胜算最大

他应该先放空枪。他如果先射击“枪神”，打中的话，“枪怪”就会在2枪之内把他打死；如果先射击“枪怪”，射中的话，枪神会一枪就要了他的命。如果先射“枪怪”而未中，“枪神”就会先射“枪怪”，然后对付莱特。假如射中了“枪神”，“枪怪”赢莱特的几率是6/7，而莱特赢的几率是1/7。

假如先放空枪，莱特下一步要对付的就是其中一个人了。如果“枪怪”活着，莱特赢的几率是3/7。如果“枪怪”没打中“枪神”，“枪神”就会一枪打中他，此时莱特的胜算是1/3。

莱特先放空枪，他的胜算会提高到约40%，而“枪神”、“枪怪”的胜算是22%、38%。

465. 分橘子

在帮丙必须打扫的3天中，甲多打扫2天，即2/3；乙多打扫1天，即1/3。因此，甲家得6斤橘子，乙家得3斤橘子。

466. 小船渡人

他们要往返6次：

第一次，两个孩子乘小船到对岸，由一个孩子把船划回3个人所在地方（另一个小孩留在对岸）。

第二次，把船划过来的孩子留在岸上，一个人划小船到对岸登陆。在对岸上的孩子把船划回来。

第三次，两个孩子乘船过河，其中之一把船划回来。

第四次，第二个人坐船过河。小船由小孩划回来。

第五次，同第三次。

第六次，第三个人过河。小孩把船划回来。所有人都顺利到达对岸。

467. 镜子里的数字

18和81，29和92。

468. 值多少

狗=12，马=9，鸟=5，猪=7。

469. 聪明律师的难题

那位寡妇应分得1000元，儿子分得2000元，女儿500元。这样，遗嘱人的遗愿就完全得到了履行，因为寡妇所得恰是儿子的一半，又是女儿的两倍。

470. 卡片游戏

此题解答的关键是把“6”这张卡片颠倒过来变成“9”，这样就是“1”，“2”，“9”。

471. 和为99

9＋8＋7＋6＋5＋43＋21=99

9＋8＋7＋65＋4＋3＋2＋1=99

472. 属相与几率

5个人。属相一共有12个，假设答案是2个人时，拥有不同属相的几率是12/12×11/12=92%。而3个人拥有不同属相的几率是12/12×11/12×10/12=76%。以此类推，当人群中有5个人时，拥有不同属相的几率是38%，降到了50%以下。5个人拥有不同属相的几率是38%，那么其中最少有2个人是相同属相的几率就是62%。

473. 小猫跑了多远

小猫跑了5000米。小猫的奔跑速度是不变的，只需要知道小猫跑了多长时间，就可以计算出它的奔跑路程。而同同追上苏苏用了10分钟，因此小猫跑了5000米。

474. 电话号码

新号码是8712。

475. 著名作家的生卒年

该作家生于1814年，死于1841年。

476. 古董商的交易

他赔了5元。假设甲古币收购时花了A元，乙古币B元，那么，A（1+20%）=60，得A=50，B=75，A+B=125，因此赔了5元。

477. 剧院的座位安排

男子17人，女子13人，小孩90人，一共刚好120人。

478. 失算的老师

实际上是办不到的。因为安排座位的数字太大了。

它需要：

$10\times9\times8\times7\times6\times5\times4\times3\times2\times1=3628800$

天，这个数字的天数相当于10000年。

479. 不会算数的顾客

5枚2分的邮票，50枚1分的，8枚5分的，加起来正好是1元。

480. 自作聪明的盗贼

假如100这个数可以分成25个单数的话，那么就是说这些单数的和等于100，即等于双数了，而这显然是不可能的。

事实上，这里共有12对单数，另外还有一个单数。每一对单数的和是双数——12对单数相加，它的和也是双数，再加上一个单数不可能是双数，因此，100块壁画分给25个人，每个人都不分到双数是不可能的。自首的盗贼出这一招是想嫁祸给他的手下，好让自己一人私吞赃物。

481. 天平称重

31种。可以称1克～31克中的任何一个重量。该题为组合问题，5选1有5种，5选2有10种，5选3有10种，5选4有5种，5选5有1种，合计为31种。

482. “鬼迷路”

实际上，这些人走了一个圆。人走

路时，两脚之间有一定的距离，大约是0.1米，每一步的步长大约是0.7米，由于每个人两脚的力量不可能完全一致，因此迈出的步长也就不一样，若在白天要沿直线行走，我们会下意识地调整步长，保证两脚所走过的路程一样长。当在夜间行走辨不清方向时，就无意识调整步长，走出若干步后两脚走的长度就有一定差距，自然就不是沿直线行走，而是在转圈，这就是“鬼迷路”现象。

483. 匪夷所思的数

任何数。这个奇妙的组合算出来的数遮住后面的“00”，得到的永远都是最初的数。

484. 最简单的算式

①$111-11=100$；

②$33\times3+3\div3=100$。

485. 烟鬼戒烟

40支。

486. 只收半价

不能答应。假设两匹布就只值20元钱，一匹布就值10元，如果是半价，那两匹布就只值10元钱，一匹布也就值5元钱。5元钱是不能抵消两匹布的半价的10元钱的。

487. 4个4

$$(4+4)\div(4+4)=1$$
$$4\div4+4\div4=2$$
$$(4+4+4)\div4=3$$
$$(4-4)\div4+4=4$$
$$(4\times4+4)\div4=5$$

488. 鸡兔同笼

设鸡有x只，则兔有$(36-x)$只，由题意，得$2x+4(36-x)=100$。

解之，得$x=22$，鸡有22只，兔有$36-22=14$只。

489. 风吹蜡烛

燃着的蜡烛最终将燃尽。所以，最后只能剩下5根被风吹灭的蜡烛。

490. 分糖果

从上面的数据可以知道，女孩的分配比例应为9:12:14。因此，770颗糖果的分法如下：大姐分到198颗，二姐分到264颗，小妹分到308颗。

491. 好客的花花

有6个客人，27颗棉花糖，当然前提是她自己不能吃。

492. 出去多长时间

假设分针速度为1,则时针速度就

为1/12。依题意,小丽回来时,分针共比时针多走了110度＋110度=220度，相当于220÷30=22/3(大格)，所以有：(22/3)÷(1－1/12)=8(大格)。8×5=40(分钟)，即小丽出去了40分钟。

493. 用多少时间

32小时。这个洞的容积是第一个洞的8倍。因此12个人来挖的话需要的时间是原来的8倍，6个人来挖就需要原来的16倍。

494. 各有多少条鱼

在数字中，除了0外，只有1和8照出来依旧是本数，于是知道两种鱼条数的积是81，因为81在镜子里是18，正好是9+9。由此可知，五彩神仙鱼、虎皮鱼的数目各是9条。

495. 谁胜谁负

让你的朋友先说，你所说的数加上你的朋友说的数值刚好等于11。依次类推，等你们所说的数值总和达到99的时候，即使你的朋友说“1”，他也会输。

496. “8”的奥秘

88×8＋8＋88=800。

497. 超标的药丸

从6个瓶子里分别取出11、17、20、22、23和24粒药丸来，然后放在一起称一次就可以知道问题出在哪几瓶里。比如：称重之后超重53毫克，而这6个数字能构成53的组合只有一种，即：11＋20＋22。因此，问题就出在第1瓶、第3瓶和第4瓶。

498. 最大的整数

27。

(4÷2＋5－4)×9=27。

499. 花最少的钱去考察

甲买一张经由南极到B市的机票，乙买一张经由南极到A市的机票，当他们两人在南极相会的时候，把机票互换一下，这样他们只花了800美元就到了自己的城市。

500. 秘密行动

本杰伦的失误在于没有考虑到火车本身的长度。30秒是火车头进入隧道到驶出隧道的时间，但是车身还在隧道中，火车实际完全驶出隧道的时间为45秒。所以，炸药爆炸的时候只炸断了铁轨，对火车本身并没有造成太大影响。